REVUE POLITIQUE

DE LA FRANCE

ᴇɴ 1826.

IMPRIMERIE ET FONDERIE DE J. PINARD,
RUE D'ANJOU-DAUPHINE, N° 8, A PARIS.

REVUE POLITIQUE

DE

LA FRANCE

EN 1826,

PAR L'AUTEUR

DE LA

REVUE POLITIQUE DE L'EUROPE

EN 1825.

❁

Impii planè sunt ministri qui in arcanis callidis et abstrusis
rationem politiarum consistere censent · qui magis se adstrictos
putant imperium ut tueantur, quam conscientiam illæsam ut
conservent qui principi suo obligatos se putant ut ei prosint,
non ut consulant justa.   CAMPANELLA.

❁

PARIS.

AMBROISE DUPONT ET CIE, LIBRAIRES,

RUE VIVIENNE, Nº 16.

—

1827.

REVUE POLITIQUE

DE

LA FRANCE

EN 1826.

Impii planè sunt ministri qui in arcanis callidis et abstrusis rationem politiarum consistere censent : qui magis se adstrictos putant imperium ut tueantur, quam conscientiam illæsam ut conservent : qui principi suo obligatos se putant ut ei prosint, non ut consulant justa.   CAMPANELLA

Lᴇs rois de France, dans la longue durée de leur race jusqu'à leur chute, ont toujours aspiré à s'élever; depuis leur chute et leur retour, leurs conseillers ne sont appliqués qu'à les faire descendre. On ne veut plus sans doute qu'ils soient comptés parmi les grands monarques, ni la France parmi les grands empires. Il ne faut que voyager en Europe, pour entendre partout ce triste arrêt de l'opinion publique qui assigne les rangs dans la hiérarchie politique. Cependant, ce sont les mêmes rois et la même France ; ou pour dire mieux, ce sont les mêmes rois avec de plus vastes et de plus légitimes moyens de gouvernement ; c'est la même France avec plus de génie, de richesses, et avec une renommée sans égale. Comment se fait-il que l'on voie tant d'abaissement dans les actions, et tant de grandeur dans les moyens.

Au commencement du règne de Louis XVI la France avait en elle-même assez de force et de grandeur pour obtenir un premier rang dans l'Europe ; elle ne l'avait point. Dès les dernières années de Louis XV, la couronne

avait perdu sa dignité ; la considération de la
France s'était éteinte dans le mépris qu'in-
spiraient ses ministres, et ce mépris s'était
jeté sur le trône. L'État, gouverné, sous le
vieux roi, par des ministres avilis, et sous
le jeune roi, par des ministres incapables,
était sans puissance et sans lustre. La France,
participant du déshonneur ou de la faiblesse
de ses chefs, s'était vue précipiter de son
rang, sans pouvoir y remonter ; et ce long
avilissement mit en lumière cette vérité politique, que la grandeur est l'ame des rois
et des empires, et qu'il n'est point de plus
funeste calamité que la bassesse ou la médiocrité dans les dépositaires de l'autorité
royale.

Mais il semble que cette vérité appartienne
davantage aux temps où nous vivons, et
qu'elle trouve sa dernière preuve dans la

conduite de ces ministres à qui sont aujour-
d'hui confiées les destinées de la France; qui,
incapables de s'élever eux-mêmes à la dignité de leurs fonctions, sont bien loin de
pouvoir élever la royauté à la hauteur du
royaume. Les ministres de Louis XVI avaient
pris et laissé la France frivole et légère; ceux-
ci l'ont trouvée fière, guerrière, magnanime,
et l'auront laissée avilie, corrompue, sans
vertus publiques, sans aucune trace de sa
gloire, et tombée avec eux dans les dédains
de l'Europe.

Au moment où le trône se releva, la France,
fatiguée des travaux de la gloire, ne demandait que du repos et des lois tutélaires adap-
tées à son nouveau génie. Son bonheur était
une œuvre facile. La nation française, sortant de l'insupportable joug d'un gouvernement militaire, soupirait après les douceurs

d'un gouvernement civil dans lequel seul
on trouve la justice et la sûreté. Cette lassi-
tude déjà ancienne avait préparé la situation
la plus favorable à des rois que le long temps
de la révolution et les maximes de cette révolution avaient rendus étrangers. La nation
française ne les connaissait plus ; le souvenir en était presque éteint ; la génération
nouvelle ignorait même leur existence. Leur
vie, comme leur nom, semblait tombée
dans l'abîme de l'histoire. Le prestige qui
environne la personne des rois, et qui leur
tient lieu de tout, ce prestige qui les devance
et qui les suit, lorsqu'ils naissent au milieu
de nous, était effacé ; ils apparurent dans la
simplicité et la nudité des autres hommes,
succédant malheureusement à un vainqueur
du monde, mais heureusement à un fléau
de l'humanité.

Les princes français, ne pouvant se recommander à un peuple plein de gloire et de fierté, ni par l'éclat des armes, ni par de grands actes politiques, n'avaient, pour se l'attacher, que la bonté et l'équité qui remplacent avec tant de succès toutes les splendeurs de la terre : vertus faciles et suffisantes pour des peuples opprimés et des rois retrouvés. Ne pouvant apporter le glorieux nom de libérateurs, ils arrivaient du moins sous le nom de protecteurs. L'Europe, fatiguée de vingt-cinq ans de guerre, les présentait comme un gage de la paix. La France alors la préférait à la gloire. Elle avait perdu le nom d'invincible; l'Europe en armes était chez elle. Les peuples dans les revers ne disputent point sur les conditions, et les rois dans l'adversité sont faciles sur les transactions. Les promesses des rois furent sin-

cères, et la confiance des peuples fut entière. Cette commune générosité est la vertu
du malheur; vertu qui finit où le bonheur
commence.

Dans une circonstance si propice, qui
rendait si nécessaires les rois à leurs peuples, et les peuples à leurs rois, un gouvernement favorable à tous était aisé à établir.
Les princes français étaient tout-puissans
pour le bonheur de la France, et la France
ne voulait que du bonheur, car elle avait
excès de gloire. Quel génie envieux et ennemi est venu troubler une situation si har-
monique? Dans cette union nouvelle des
peuples et des rois, dans ce rapprochement
de tous les cœurs, quel souffle tout à coup
les a glacés! Qui a détruit ce premier char-
me, et avec lui la confiance des peuples
et la sûreté des rois? Des deux parts, toutes

les vertus politiques s'étaient réunies pour le bonheur commun : l'orgueil, ce venin de la France, est venu les dissoudre. Ce fut la première cause des murmures et des mécontentemens ; c'est le premier coupable de la division des esprits et de la séparation des cœurs. L'orgueil fut la peste de tous les règnes ; ce fut lui qui fit détrôner les rois de France ; ce fut lui qui causa leur seconde chute. Il ne peut dominer sans tout mettre en péril. L'orgueil afflige et blesse au vif les nobles cœurs de la France, et cependant, par toutes les issues de la cour, il est rentré dans tous les élémens de l'État.

Du jour même de la restauration, l'égalité disparut ; l'égalité, plus chère aux Français que la liberté même. La société fut reconstruite par étages ; chaque citoyen fut enfermé dans son cercle. Les noms redemandèrent les rangs ; les vertus, les talens, les services s'abaissèrent devant eux. Les citoyens français avaient acquis une valeur personnelle dans les arts, dans les sciences, dans les armes , dans les fonctions publiques. La valeur du titre écrasa celle du mérite, et chacun put lire sa destinée dans son nom. Cette politique ne fut pas mise en lois ; elle fut dans les actes et les mœurs du gouvernement (1) : ce système fut général ; on crut l'adoucir par des exceptions.

Les rois de France, par le fait même de leur retour et de leur présence, réveillaient autour d'eux tous les préjugés tombés , les antiques mœurs et les usages oubliés avec lesquels ils avaient vécu et régné pendant tant de siècles. Il y a une vieillesse et

_____

(1) Ce mot doit toujours s'appliquer à l'administration des ministres.

une mort pour tout : tout change autour
des rois ; mais comme on leur persuade qu'ils
ne sont point des hommes, on veut qu'ils
résistent au cours des choses humaines, et
qu'ils ne s'assujettisent point à leur mobile
nature. Les cultes des dieux mêmes ont subi
leurs changemens ; mais, selon leurs flatteurs, le culte des rois doit être uniforme et
invariable.

C'est ici qu'est marquée la première faute
de leur gouvernement, car c'était précisément contre ces préjugés et contre ces
mœurs, et contre leur cour qui les re-
cueille et les conserve, que la terrible révolution française s'était faite et déchaînée.
C'était donc une dangereuse imprudence
d'envelopper la nouvelle France dans les
langes de la vieille monarchie.

Dès que les rois de France furent au

Louvre, les courtisans y rentrèrent en
foule, ou pour mieux dire, ils ne l'avaient
point quitté ; eux - mêmes reçurent les
rois de France, et leur firent les honneurs
du Louvre, comme ils les feront toujours
aux maîtres du palais, quels qu'ils soient.
Les rois peuvent tomber, pourvu que le
palais reste debout. Ils firent accroire aux
rois que c'était pour les attendre que, depuis si long-temps, ils remplissaient les es-
caliers du Louvre. Les rois les crurent,
et bientôt la cour redevint l'ame de l'Etat.
Les faveurs, les richesses, les distinctions,
les dignités, les hautes fonctions, tout af-
flua vers ce centre, et tout en découla. Les
citoyens y cherchèrent leur appui ; les ministres y prirent des ordres ; rien ne put résister à son influence, et le peuple, qui en
est méprisé, fut rendu au néant, et rede-

vint ce qu'il fut toujours, une matière im-
posable. La Charte, à qui la cour est in-
connue, ne fut qu'un instrument de cette
puissance hors de l'Etat, et n'eut point assez d'élémens constitutionnels pour se sous-
traire à sa domination.

Mais il ne faut pas devancer les temps. Le
mal n'arriva pas tout à coup à ce degré; il
ne faut point imputer aux années précé-
dentes ce qui n'a eu son plein effet que sous
les ministres actuels.

Dès la première année de la restauration,
on vit renaître les espérances de l'orgueil et
les menaces du fanatisme. Le sacerdoce et
l'aristocratie, autrefois envieux ou ennemis,
sentirent la nécessité de s'unir, et de com-
biner leur plan simultané contre le nouvel
ordre social, avant qu'il fût affermi sur
les fondemens du temps. L'un se chargea

d'arrêter les progrès des connaissances humaines ; l'autre de répandre l'esprit de servitude et d'en donner l'exemple. Nul ne manqua à son mandat. Jamais conjurés ne furent plus unis ; jamais conjuration ne fut mieux conçue, mieux conduite, mieux secondée par l'attitude des gouvernemens d'Europe et l'intelligence des cabinets. La ligue formée contre les libertés françaises, pour atteindre sa victoire, ne demanda que deux choses : des menaces aux rois d'Europe, du silence aux ministres de France. Les menaces furent faites, le silence fut observé. Les rois alliés, sortant d'une longue épouvante, prirent même plus de confiance dans les succès de cette ligue que dans leur propre victoire, et conçurent dès lors un plan de domination en harmonie avec le plan de la faction française.

Il y a eu des temps où le règne d'un roi de France effrayait le despotisme de l'Europe. Nos rois doivent se ressouvenir, avec orgueil, de ces temps glorieux où les peuples esclaves invoquaient leurs armes libérales. Ces temps sont loin de nous. Aujourd'hui le despotisme de l'Europe n'en est point inquiet. Ceux qui voudraient y associer nos rois ont grand soin au contraire d'effrayer de leur présence les libertés publiques, et ils sont parvenus à répandre cette épouvante en les jetant dans les conseils des monarques armés contre elles; et, en effet, aussitôt qu'on les crut affermis sur le trône, le pouvoir absolu fut proclamé dans toute l'Europe. La Sainte-Alliance formée contre Napoléon se trouva constituée contre les peuples. Ils lui parurent redoutables, le jour où ce grand en-

nemi cessa de l'être. La crainte est toujours
sur le trône. Les promesses données aux
peuples par les rois pour obtenir leur dévouement furent publiquement déniées (1).
La foi royale des monarques européens
ressemblant à la foi punique, les sermens
les plus solennels furent indécemment vio-
lés ; et les rois, après avoir soulevé toutes
les populations pour le salut de leur sceptre, s'armèrent ensuite de leur sceptre
contre les populations. Il ne faut point
donner sa foi, ou il faut la garder, une
fois donnée (2).

Ainsi, dans ces étonnantes conjonctures
où tous les trônes étaient en péril, et tous

_____

(1) *Turpe est, imprimis principibus, mentiri
aç fidem fallere.* (BELISARIUS APUD PROCOPIUM.)

(2) *Aut danda non est fides, aut data, servanda.*

les souverains en alarmes, c'est du côté des
peuples que fut la grandeur d'ame. La récompense devait être magnanime; on ne
leur laissa que la gloire de l'avoir méritée.
Les rois ne combattent guère de générosité avec les peuples, et rarement la reconnaissance fut la base d'un traité. C'est
même une maxime de l'ancienne politique,
que le pouvoir s'affaiblit par la reconnaissance, et s'affermit par l'ingratitude. Les
peuples apprirent ce qu'on peut exiger des
rois dans les revers, et ce qu'on doit en attendre dans la prospérité; ils gémirent en
vain de ces grandes ingratitudes que les rois
d'Europe voulurent faire servir d'inaugura-
tion au nouveau règne des rois de France;
mais il y a cela de remarquable que les rois
qui ont donné des constitutions à leurs
peuples, et qui ont été les plus généreux,

sont précisément ceux qui n'avaient rien promis.

A ces grands traits d'infidélité, la France constitutionnelle ne tarda pas à voir tout ce qu'elle avait à craindre, et les rois d'Europe, délivrés de leurs dangers, et pouvant être infidèles avec impunité, conçurent tout ce qu'ils avaient à espérer. C'est alors qu'ils jetèrent les fondemens de cette fameuse alliance politique dont le but est de rétablir le pouvoir absolu dans les deux mondes.

Faut-il en conclure, avec les ennemis des rois de France, que leur présence et leur nom sont inhérens au despotisme, comme s'ils ne devaient prendre leurs modèles que dans les derniers règnes ? Non, sans doute; les espérances que les rois alliés avaient conçues de leur présence, les devoirs de

2

reconnaissance qui obligeaient les princes français envers eux , la défiance de ces princes envers la France qui les avait proscrits , leur confiance dans les peuples qui les avaient rétablis, ne sont que des circonstances malheureuses ; mais il importe à leur bonheur, comme à leur gloire , d'en détruire l'impression publique. Les peuples, aujourd'hui, interrogent les intentions, pour n'avoir plus besoin de se défier des actions. Si les rois les observent, ils observent les rois ; mais les peuples ne sont défians que quand on les instruit à l'être ; ils ne demandent pas mieux que de s'abandonner à la bonne foi des rois. En morale comme en politique, la foi oblige la foi (1).

_____

(1) *Fides obligat fidem.* (Sen.)

Si même on peut les séduire avec une apparence de loyauté, combien il serait facile
de les entraîner par la loyauté même. Quel
peuple est plus confiant que le peuple français? Il suppose toutes les vertus et tous
les mérites à ses rois. Mais plus sa confiance
est grande, moins il faut altérer ce sentiment d'abandon. La plus grande sûreté des
rois est d'être sans taches aux yeux de leurs
peuples.

Les ennemis des rois de France les ac-
cusent d'intelligence avec les ennemis des
libertés publiques; nous prendrons leur
défense, et nous la trouverons dans les
pages de leur histoire qui consacrent leur
amour et leurs efforts pour les libertés sociales.

Il faut le dire et se plaire à le dire au
peuple français, à qui les rois des derniers

siècles en ont fait perdre le souvenir, la main de nos rois s'est jadis armée pour la défense des libertés des peuples de l'Europe. Eux-mêmes n'ont que trop long-temps gémi sous le joug de l'aristocratie , et sous l'anathème du sacerdoce. Ils ont connu le prix de la liberté. De tous les rois européens , ils ont été les plus esclaves ; ils sont devenus les plus libres par l'amour et les efforts de leur peuple. Si nous rétrogradons vers ces temps reculés , nous voyons les rois de France placer sous leur égide les libertés publiques, lorsque un élan généreux les faisait germer dans quelque contrée de l'Europe. Ils ont été les éternels protecteurs des républiques de Venise , de Suisse , de Gênes , de Hollande. C'est un roi de France qui approuve le soulèvement de Naples se constituant en république ; c'est un roi de

France (1) qui se proclame le défenseur
des libertés d'Allemagne, qui lève des armées puissantes pour protéger les institutions libérales de ces peuples, et qui fait
graver sur son généreux manifeste un bon-
net entre deux poignards, antique symbole
des libertés publiques (2). Le grand roi des
Français, lorsqu'il tomba sous un glaive
pris sur l'autel, faisait d'immenses prépa-
ratifs de guerre pour arracher l'Allemagne
à l'oppression qui l'accablait. Sa grande ame
avait conçu le vaste et magnanime dessein
de délivrer les peuples de l'Europe de tous
les genres de tyrannies ; et pour rentrer
dans les événemens de nos jours, n'est-ce
pas Louis XVI qui a jeté les fondemens de
la liberté américaine? N'est-ce pas lui qui est

(1) Henri II.
(2) Robertson

le créateur de ce nouveau monde ? Et ce nouveau monde, qui a si fort avancé la vieillesse de l'ancien, ne doit-il pas un jour décider des destinées du genre humain ? Ainsi le germe de tant de merveilles était dans la main d'un roi de France.

C'est donc un outrage à nos rois de les croire ennemis des libertés publiques. Ils en ont été souvent les appuis et les vengeurs. Si la politique qu'on leur fait embrasser est si contraire à celle qu'ils ont abandonnée, il faut en chercher la cause dans les influences qui les entraînent dans cette voie anti-populaire, et dans les pervers conseils de ces ministres qui ne voyent la grandeur des rois que dans l'humiliation des peuples. Continuellement obsédés par l'esprit de l'aristocratie, et par l'esprit de l'Eglise, ces éternels ennemis de

la dignité et de l'intelligence de l'homme,
ils n'entendent que les cris de ces redoutables conjurés. Une fausse terreur les égare
en ce moment, mais la reconnaissance les
lie à la cause populaire. Entre les rois de
France et leur peuple, il y a eu d'immenses bienfaits réciproques. Nous leur
offrons la gloire de s'en souvenir, comme
nous leur signalons le danger de l'oublier.
Nous les rappelons à leur noble caractère,
comme à leur meilleure politique.

L'Eglise et l'aristocratie sont toujours les
rivales de leur gloire et de leur autorité.
L'histoire les présente en hostilité constante
contre eux. Chaque page est un témoignage
de leur résistance, et sert de titre à leurs
prétentions. L'Eglise romaine a été reine
des rois, et redemande sa première puissance. L'aristocratie, cette autre rivale,

leur a disputé leurs titres et leur sceptre.
M. de Boulainvilliers n'a fait son *Histoire du gouvernement de France* que pour prouver que l'aristocratie est égale aux rois, ou même au dessus d'eux. Elle n'a rien perdu de ses hautes prétentions ; mais elle a perdu la puissance de les faire valoir ; et par qui lui a-t-elle été ravie? Par la force de l'opinion populaire qui la subjugue, et qui sert de rempart aux rois de France contre les complots et les envahissemens de ces deux grands corps toujours menaçans, qui ne désespèrent jamais, et dont l'imprudence des rois nourrit les espérances.

Les rois de France sont les moins instruits de leur propre histoire. Elle ne leur est point connue. Ceux qui sont chargés de la leur enseigner se gardent bien de leur en donner l'intelligence, et de la leur montrer sous son

véritable jour. Ils auraient trop à craindre que
les princes ne prissent les grands en haine,
et les peuples en affection. Les hommes du
sacerdoce, à qui on confie leur jeunesse
flexible, les élèvent dans la terreur et la
soumission de l'Eglise : ils ont soin de leur
fermer les yeux sur les cruels auteurs de
nos guerres civiles dont eux seuls ont connu
les horribles mystères. Sont-ce de tels pré-
cepteurs qui iront leur apprendre qu'ils ont
eu des ancêtres libéraux, qu'ils ne doivent
leur grandeur qu'à la force populaire qui a
brisé le sceptre de la noblesse et le joug du
sacerdoce. C'est un malheur attaché à la
condition des princes français, d'être toujours élevés dans une fausse politique, et de
ne pouvoir puiser d'autres leçons que dans
leur propre adversité.

Les rois de France, dans le long cours de

leur domination, ont eu deux conduites politiques. Nous venons de rendre hommage à la première; il n'en sera pas ainsi de la seconde.

Ici, nous nous plaçons dans l'histoire ancienne, et nous nous arrêtons à la nouvelle ère des rois constitutionnels.

A peine les rois de France eurent-ils brisé toutes les tyrannies qui pesaient sur leur peuple et sur eux, que, voyant leur autorité sans obstacle, ils l'étendirent sans mesure; et sur toutes les dominations abattues fondant la domination royale, ils l'élevèrent au delà des limites que la justice et la reconnaissance leur prescrivaient. Ils rejetèrent dans la servitude les peuples qui les en avaient délivrés, et qui n'eurent d'autre prix de leur dévouement que d'échanger la tyrannie de plusieurs contre la tyrannie d'un seul. Du pouvoir le plus contesté et le plus borné (1), ils passèrent au pouvoir le plus absolu ; et abusant sans mesure et sans droit de leur moderne autorité, ces mêmes rois, qui de tous les rois d'Europe avaient été les moindres en puissance, ont fini par égaler celle des rois de Perse ; et peu s'en faut qu'ils n'y aient joint tous les usages de l'O-rient, avec le faste qu'ils lui ont emprunté, oubliant que l'empire est dans la vertu, et non dans la pompe et la magnificence (2).

Les Français, peuple qui s'accomode à toutes les formes, comme à toutes les do-minations, et qui s'arrête plus aux appa-

---

(1) *Le roi autrefois n'était que le compagnon des autres Français.* (BOULAINVILLIERS.)

(2) *Imperium est in virtute, non in decore.*

(ALEXANDER SEVERUS.)

rences qu'au fond des choses, ont été éblouis et merveilleusement surpris des ambassades que les rois de Perse, de Siam, et de Cochinchine envoyaient à Louis XIV. Cet hommage était le plus grand signe de leur servitude. C'est parce que ce roi avait tant de ressemblance avec ces monarques d'Asie, qu'ils lui rendirent cet éclatant hommage, aussi glorieux pour lui qu'insultant pour la France. Louis XIV, qui les comprenait mieux que les Français, ne manqua pas d'étaler aux yeux de ces étrangers une pompe qui surpassait celle de leurs maîtres, en même temps qu'il s'enorgueillissait d'un pouvoir aussi grand que le leur. Il ne manquait alors que deux éléphans à la porte du Louvre, et ces ambassadeurs se retrouvaient en Orient.

Ces mœurs royales ne disparurent point

avec le règne de Louis XIV ; elles demeu-
rèrent sur le trône avec toutes les maximes
orientales sur l'autorité des rois et l'obéissance des peuples. On y avait entendu ce
langage si agréable à l'oreille des rois : *tous
vos sujets, quels qu'ils soient, vous doivent
leurs personnes, leurs biens, leur sang, sans
avoir droit d'en rien prétendre. En vous sa-
crifiant tout ce qu'ils ont, ils font leur devoir, et ne vous donnent rien, puisque tout est
à vous*(1). Louis XIV aurait pu renvoyer ces
maximes en présents aux monarques d'Asie
par leurs ambassadeurs, car il est douteux
que les leurs fussent aussi complètes.

Les courtisans, qui s'emparent de tout ce
qui est servile, mirent en code cette politique royale, et en perpétuèrent les pré-

_____

(1) *Testament de Louvois.*

ceptes jusqu'à la révolution qui en a fait justice, et qui a vengé la nation française de tant d'humiliations ; mais, quoique ces maximes soient aujourd'hui reléguées dans l'Asie, les rois de France ne manquent pas de flatteurs et d'esprits dégradés qui en entretiennent le souvenir, et qui les leur rappellent comme les mystères d'un culte aboli ; ils voudraient rétablir cette affinité des rois de France avec les rois d'Orient ; et c'est sans doute par ce sentiment que l'on peut expliquer aujourd'hui pourquoi la cause des Turcs est si chère aux courtisans et aux ministres de France, en même temps que la cause des Grecs leur est si odieuse.

Ce n'est pas sans un juste étonnement que l'on considère le point d'où les rois de France étaient partis, et le point où ils étaient arrivés ; et ce n'était pas aller au

delà du droit que de les inviter à jeter un
regard en arrière, et de leur demander sur
quelle loi divine ou humaine ils avaient
fondé ce pouvoir incommensurable.

Ce n'était point assez de cette autorité
politique que les rois ne voulaient pas devoir aux hommes, ils lui cherchèrent sa
source dans l'autorité divine; et la royauté,
qui n'est qu'un premier principe d'ordre et
de justice, et un principal élément de gouvernement, devint une puissance surnatu-
relle enveloppée de ses mystères.

Les peuples et les rois ont leur manière
propre d'envisager la royauté, et il est bien
important d'examiner le caractère dont chacun la revêt. Selon les peuples, la royauté
est une mission des hommes; selon les rois,
elle est une mission de Dieu. Les peuples,
au titre qu'ils lui donnent, ne voient dans

les fonctions de la royauté que des devoirs
à remplir envers l'humanité; les rois, au
titre dont ils la couvrent, ne voyent de la
part des hommes que des devoirs à remplir
envers eux. Par ce droit divin inventé pour
anéantir le droit humain, les rois n'appellent
de leurs actions qu'à la justice divine; c'est
beaucoup qu'ils veuillent bien la reconnaître;
mais c'est à tort et c'est en vain qu'ils se
choisissent une justice privilégiée. Pour tout
ce qui porte le nom d'homme, il y aura toujours deux justices, l'humaine et la divine,
et nul n'a droit de se refugier vers l'une
pour échapper à l'autre. Si les lois politiques
préservent les rois pendant leur règne,
l'histoire ne perd point ses droits, et l'histoire est la justice humaine.

Le pouvoir royal, se croyant pouvoir divin, a dénaturé le cœur des rois, et a fait le

malheur de l'humanité. L'homme le plus
féroce et le plus sanguinaire qui ait existé,
le pacha de Janina, disait que Dieu, maître
de tout, l'avait fait maître des hommes, et
que, dépositaire de sa puissance, il pouvait disposer à son gré de la vie ou de la
mort de ses créatures ; il était religieusement
persuadé qu'il avait reçu ce pouvoir de Dieu
même dont il tenait la place. Voilà les conséquences du droit divin.

C'est un écart de l'humanité d'avoir fait
des hommes en dehors d'elle, ou d'avoir
souffert que des hommes en sortissent. Tout
homme est enfermé dans sa nature humaine,
et ne peut être au dessus de sa propre nature. C'est assez pour un homme d'être le
premier des hommes. Ce qui est divin n'est
qu'à Dieu, qui n'a délégué ni son caractère
ni sa puissance. La bassesse a placé les rois

3

dans des régions mythologiques ; leur propre raison doit les en faire descendre. La majesté des rois est dans la grandeur de leurs peuples. Leur bonheur est dans leur amour. Les rois sont hommes et sont rois par les hommes. Clovis a été élu par le peuple. Chilpéric a été déposé par le peuple ; l'un a été roi par les hommes, l'autre a cessé de l'être par eux. Toutes les affaires politiques sont des affaires humaines. Le fondateur du christianisme a fait si peu d'attention aux rois, qu'il n'a pas même daigné en prononcer le nom. Les livres de Samuel sont contraires à la royauté ; mais l'ordre social lui est favorable, et l'ordre social est la première autorité ; mais il n'importe point à cet ordre social que les rois soient divinisés ; il lui importe seulement qu'ils règnent dans la justice, car la justice est tout l'ordre social.

Les superstitions politiques datent de loin.
Les anciens rois de France ont pris aux
empereurs romains ce que les empereurs
romains avaient emprunté des rois de Perse;
et notre langage national est encore empreint des extravagances de l'esprit oriental.
C'est à l'ancienne Rome que nous le devons.
Ses empereurs ont trouvé les rois d'Orient
divinisés; ils se sont eux-mêmes divinisés,
et l'Occident soumis par eux, à leur exemple,
a divinisé ses rois (1).

Mais la sagesse de nos jours a mieux fait;
elle n'a point divinisé les rois, elle a divinisé la royauté. Dans la monarchie consti-

---

(1) *Persas reges suos inter deos colere. Quo
nomine imperatores romani, etiam christiani, se
æternos, sanctos, divinos appellabant. Undè illud
Pauli, dico, dii estis.* (Q. C. CLAPM.)

tutionnelle, la royauté ne peut errer. Elle
est établie comme un principe de justice
infaillible. Elle est conçue comme le génie
du bien. Sa volonté est toute pure. C'est,
en effet, comme une émanation de la volonté divine.

Les peuples anciens ont adoré les rois,
sans concevoir la royauté. Dans les monarchies absolues, le roi est une volonté ; dans
les monarchies légales, le roi est un principe. On n'avait point encore placé la
royauté si haut dans l'ordre moral et politique. Jamais elle ne fut défendue par une
plus grande force morale. La royauté a
quelque chose de sacré qu'elle n'avait jamais eu. C'est une conception des peuples
éclairés ; c'est un présent fait aux rois par
le génie constitutionnel ; présent trop grand
peut-être, car les rois n'étant point respon-

sables, et leurs ministres se moquant de la responsabilité, il arrive que la société est livrée à deux pouvoirs inattaquables ; et il s'ensuit que les nations ont moins de garantie que les rois, que le danger est pour elles, et la sûreté pour eux, car un roi est toujours un pouvoir actif sur un peuple passif.

La royauté, qui n'était qu'un pouvoir, est devenue un premier élément d'ordre ; ce n'est plus une force capricieuse, c'est une puissance raisonnée. Elle était comme un torrent sans bords ; c'est un fleuve réglé dans son cours. On a fait obstacle à ses ravages, et non à sa fécondité. Jamais la royauté ne fut plus noble, jamais les rois ne furent plus heureux, car quel roi digne de l'être ne se féliciterait d'être impuissant pour le mal, et tout-puissant pour le bien !

Nous ne croirons donc point que les rois constitutionnels ne le soient qu'à regret, qu'ils subissent cette condition comme une nécessité des temps, qu'ils aimeraient mieux que la royauté fût un objet de superstition, qu'une combinaison de la sagesse humaine, et qu'ils regrettent ces temps de leur responsabilité et de leurs dangers, où ils étaient tout à la fois pouvoir exécutif et pouvoir législatif.

Les rois ont reçu tant d'avantages des nouvelles combinaisons politiques, qu'ils peuvent bien, en échange, abjurer tous les préjugés de l'ancienne éducation royale. Les peuples sont les premiers à reconnaître toute la majesté des rois, mais ils n'y mêlent plus rien de superstitieux. Il n'y a de divin dans la royauté que la vertu qui l'accompagne. On leur a dit, et ils ont pu le croire, que les peuples étaient la gloire des rois, mais c'est aux rois à être la gloire des peuples. On leur a dit, et ils ont pu le croire, que tous les droits sont du côté des rois, et que tous les devoirs sont du côté des peuples; il faut qu'il sachent que les plus grands droits sont du côté des peuples, et que les plus grands devoirs sont du côté des rois. Il faut qu'ils sachent que les nations, en se créant des rois, les ont établis pour être les régulateurs de la justice universelle; qu'elles leur ont confié le dépôt de leurs droits et de leurs intérêts les plus chers, pour les conserver et les défendre; qu'elles ne les ont faits les premiers en dignité, que pour être les premiers en vertus et en équité; il faut qu'ils sachent que la royauté, dans son institution primitive, fut la fonction des plus capables et des plus vertueux ; que la couronne est plus un fardeau qu'un ornement ; que la royauté est un devoir avant d'être une dignité ; et qu'enfin ce ne sont point les peuples qui ont la gloire d'obéir aux rois, mais que ce sont les rois qui ont l'honneur de commander aux hommes , ainsi que parlait l'empereur Alexandre.

Le premier pouvoir des rois fut un pouvoir conservateur. Le pouvoir absolu est un crime capital envers l'humanité. Il n'est dû et n'a été dévolu à aucun homme; aucun n'a eu le droit de se placer en dehors de l'ordre social. Aucun homme n'a reçu le droit de commander à un autre (1) : tout commandement est injuste, s'il ne vient de

---

(1) *Nemo se alterius dominum per violentiam nominare potest.* (PEREZ.)

la loi; le pouvoir absolu n'est pas même le pouvoir de Dieu, qui, étant lui-même source et auteur de toute justice, ne peut rien faire contre cette justice qui vient de lui, et sans laquelle il serait préférable qu'il n'y eût point de race humaine.

Des vérités nouvelles ne sont point des offenses. Assez long-temps la force et la violence ont fait prévaloir leurs maximes; mais les maximes d'état ne sont point des préceptes de justice; elles sont contraires à la loi de Dieu et des hommes (1). Toutes les iniquités des gouvernemens ont passé sous ce nom; il n'y a point de maximes d'état dans les gouvernemens constitution-

---

(1) *Ratio statûs : essere una legge utile à gli stati, ma in tutto contraria alla legge d'Iddio, è de gli huomini.* (BOCCALINI.)

nels ; mais il y a des subtilités qui les remplacent, et les injustices s'y commettent,
avec le simulacre de la justice.

La royauté passée et la royauté présente
n'ont rien de commun. Ce serait confondre
la force avec le droit que de les assimiler.
Il y a des siècles entre l'ancienne et la nouvelle. Le gouffre de la révolution se trouve
entre les deux monarchies, et les empêche
de se toucher. Les peuples et les rois par-
tent du même jour de l'hégire constitutionnelle. D'ailleurs, les rois généreux sont
assez défendus par eux-mêmes, sans chercher leur autorité dans les exemples de leurs
ancêtres. De quel avantage est pour nos rois
de dater du barbare Clovis ? croient-ils que
les Français sont bien touchés de la mé-
moire de ce roi qui a mis leurs ancêtres en
servitude ? C'est en datant d'eux-mêmes

qu'ils prendront l'époque la plus chère aux
Français.

Les rois de France, mieux garantis par
leur légitimité constitutionnelle, peuvent
sans danger reconnaître que leur ancien
gouvernement était fondé sur ce qu'on a
osé appeler le droit de la force, comme si
la force avait des droits. L'historien de l'a-
ristocratie (1) ne lui donne pas d'autre fondement, et approuve le principe. Les his-
toriens et les publicistes n'ont pas eu honte
de reconnaître un code de la force, et d'en
appliquer les détestables maximes aux actions et aux prétentions des rois; ce code
noir est enfin aboli. Aucun roi aujourd'hui
n'oserait l'invoquer; s'il n'en avait point de
honte, il n'en aurait point l'audace. Il y a

---

1) Boulainvilliers.

dans le monde un sentiment universel de justice qui défend désormais à la force de se proposer comme droit. Les sociétés civilisées et les sociétés barbares ne peuvent être régies par un même principe : l'Europe doit se fonder sur la justice ; le droit du glaive est pour l'Asie.

Si les vrais devoirs des rois ne sont écrits nulle part, les règles de la justice universelle ont été gravées dans le cœur de tous les hommes. Le plus ancien livre du monde n'est point la Bible ; c'est le cœur de l'homme qui est la première table de la loi, d'où sont sortis les principes d'équité qui remplissent tous les livres de morale ; et si Dieu, en effet, les a dictés aux premiers hommes, il les a pris dans son sein, tels qu'il les a écrits dans celui de l'homme, en lui donnant la puissance et la volonté de les pratiquer ; ainsi le cœur de l'homme renferme la science de Dieu même.

C'est donc dans le cœur des peuples que les rois doivent prendre leur règle de justice. La justice, cette vertu à qui il faut tout rapporter, qui comprend tout ce qu'il y a de bien sur la terre, est le plus grand ressort des gouvernemens ; c'est le lien de toutes les sociétés humaines ; c'est le plus grand secret de tout empire. *Nullum est majus imperii arcanum quam justè imperare* (1).

Les peuples doivent absoudre les rois d'avoir pris leur origine dans la force (2). Les générations vivantes n'ont personne à pu-

(1) Kirchner.

(2) *Pleraque regna vi et bello, non nunquàm per scelera, occupantur.* (CLA....)

nir des maux et des iniquités qui ont affligé les générations antérieures. Les rois
qui règnent peuvent dater de leurs vertus
et de leurs bienfaits personnels, et y prendre leur légitimité, si celle qu'ils invo-
quent ne leur suffisait pas. Les rois de
France n'ont rien à redouter de l'examen
du règne de leurs ancêtres : un nouveau
contract social les en sépare, et les af-
franchit de toute responsabilité; mais, par
cela même, ils doivent prendre garde qu'on
ne les fasse reculer vers l'ancienne France,
car en arrière tout est abîme. Ce serait
les exposer aux plus grands dangers que
de les faire rentrer dans les mœurs et les
abus d'un gouvernement puni et désavoué
par les peuples et par eux-mêmes; car
quelle était cette ancienne France? le petit
nombre, heureux et oppresseur : tout le

reste, malheureux et opprimé ; quelques-uns dans la gloire et les honneurs, toutes les masses dans la honte et le mépris. Il fallait bien que cela fût ainsi, car quelle autre cause assigner à la plus terrible révolution qui ait jamais éclaté parmi les peuples ? quel prétexte donner à cette fureur électrique qui a embrasé la France d'une extrémité à l'autre ? Il n'y a point vengeance où il n'y a point outrage, et si la vengeance a été si cruelle, n'est-ce point que les peuples, en même temps irrités et par le souvenir et par la présence de tant d'offenses, semblaient entendre encore les gémissemens des générations passées, et venger tout ensemble leurs souffrances et les leurs?

Mais enfin les abus et les malheurs, les outrages et les vengeances, les crimes des rois, les crimes des peuples, tout est en-

glouti dans l'abîme du temps. Le souvenir
est une leçon pour tous : tous ont passé par
les mêmes adversités; tous doivent tendre
au même bonheur. Les rois, fondant le leur
sur celui de leurs peuples, sont désormais
assurés de les avoir pour appuis et pour
vengeurs. Ils n'auront plus à craindre ces
révolutions menaçantes qui, de siècle en
siècle et de règne en règne, ont mis leur
couronne en péril. Quel roi de France peut
se vanter d'avoir traversé son règne sans
discorde civile? L'histoire de nos rois est
pleine de révoltes et de guerres intestines.
Sans la distraction des guerres étrangères,
à peine auraient-elles été interrompues.
Est-ce dans ces désordres, est-ce dans ces
déchiremens continuels que l'on prétend
trouver des modèles de gouvernement?
Toutes ces calamités n'avaient-elles pas leur

source dans sa nature, et ne sont-elles pas tout ensemble la condamnation des rois et des lois?

Aujourd'hui la France est sous des lois nouvelles, et, pour ainsi dire, sous de nouveaux rois, puisqu'ils doivent régner par d'autres principes et par d'autres mœurs. Leurs destinées sont dans leurs mains : jamais elles n'ont été plus dépendantes de leur propre volonté. Leurs règnes peuvent être aussi paisibles qu'ils ont été orageux. La tempête est passée, mais il ne faut plus soulever les vents ; les révolutions se consument dans leur propre feu ; mais elles peuvent renaître de leurs cendres. On les étouffe avec ce qu'elles ont produit, et il faut se hâter de les étouffer, car les révolutions pèchent toutes contre l'humanité.

Si les rois le veulent, elles sont éteintes :

4

où il y a gouvernement constitutionnel, il n'y a plus révolution, car un gouvernement constitutionnel est une révolution faite, écrite et mise en lois. Ainsi, dans les Etats-Unis, en Angleterre, en Suisse, et dans tous les Etats où les révolutions ont été régularisées, il n'y a point eu de révolutions nouvelles, car les besoins des peuples ont été satisfaits, et il ne peut plus y avoir d'effet où il n'y a plus de cause.

Mais il faut que les gouvernemens constitutionnels le soient de fait, comme dans ces Etats, et non pas seulement de nom, comme cela est en France. L'imposture ébranle ce que la loyauté affermit. En France, les noms sont à la place des choses; la constitution n'a point d'article qui ne reçoive une application contraire; le sens est détruit par l'interprétation, le texte est tué par le commentaire, et la charte constitutionnelle n'est plus qu'un vain titre ; les ministres feignent l'observation des lois, pour en mieux couvrir la violation (1). Une politique frauduleuse s'est mise à la place de la politique loyale qui seule convient aux gouvernemens constitutionnels : rien n'est en fait, tout est en nom ; tout y est faux. Les élections sont factices, les majorités sont factices ; l'intrigue ministérielle remplace l'action nationale ; tout représente des factions, rien ne représente la nation : ainsi les espérances des Français sont trompées ; leurs besoins ne sont pas satisfaits ; leurs vœux ne sont point remplis, et cela les replace au temps où ils les formaient, avec le chagrin d'être obligés de les reformer encore.

_____

(1) *Legum simulare observationem, et easdem transgredi scelestè.* (PICCART...)

Est-ce ainsi que l'on croit éteindre l'esprit de révolution ? est-ce ainsi qu'on prétend affermir le sceptre dans la main des rois ? L'esprit de révolution ne se nourrit pas de lui-même, il se nourrit des fautes des gouvernemens. Si l'esprit de révolution se réveille, est-ce la faute du peuple qui l'avait éteint dans sa constitution, ou des ministres qui ont détruit cette constitution ? *Ravir les biens, c'est semer les complots,* et le premier bien d'un peuple est sa constitution (1).

On peut bien cacher aux rois le secret si facile de régner sans obstacle; mais on ne peut voiler aux peuples les écueils dont on environne le trône. Les rois comme les peu-

_____

(1) *Per ablationes rerum, conjurationes instituuntur.* (PLAT...)

ples sont dans la main de leurs ministres qui souvent les séparent, et rompent les liens qui les attachent, en rendant les rois suspects aux peuples, et les peuples odieux aux rois. Mais dans les gouvernemens constitutionnels, où tout doit reposer sur une confiance réciproque, le moindre éloignement de la part des rois, et le moindre soupçon de la part des peuples, peuvent avoir de funestes conséquences. Ainsi les rois, selon la conduite loyale ou déloyale de leurs ministres, sont assis sur un abîme ouvert ou fermé. Le malheur de la cause monarchique, en ce moment, est d'être confondue avec la cause de deux partis renaissans qui cherchent sous son ombrage à rassembler-les élémens dispersés de leur ancienne prépondérance, et d'être livrée à un ministère qui les seconde, et qui, en même temps qu'il les rapproche du trône, repousse loin de lui le grand parti national qui en fait toute la force.

Ces ministres qui regardent la révolution française comme un accident, et le soulèvement de tout un peuple comme une mutinerie, pensent que la marche de l'ancienne monarchie n'en doit pas être interrompue ; que trente ans de triomphe sont moins forts que mille ans de préjugés ; que les mêmes institutions doivent suivre les mêmes rois ; et révérant comme sacré tout ce qui est ancien, et méprisant comme profane tout ce qui est moderne, ils traitent le génie des peuples en factieux, et ses conquêtes comme des usurpations.

Mais les rois de France eux-mêmes semblent avoir considéré la révolution sous un aspect plus noble : nous devons croire qu'ils

en ont reconnu la toute-puissance , car elle
a été victorieuse dans tous les grands actes
politiques. A la rentrée des rois de France,
la France étant vaincue , et en présence de
ses vainqueurs , la révolution a été triomphante , sa légitimité a été reconnue. Elle
a été triomphante dans la seconde invasion comme dans la première, en face de
l'Europe irritée ; elle a été triomphante à
Reims, où le second roi de la restauration , lié par son prédécesseur , a juré le
maintien de la charte constitutionnelle ,
la main sur les livres divins, devant des
prêtres qui veulent la proscrire, devant
une cour qui l'abhorre, devant des ministres qui avaient promis de la détruire.
Quoi ! la cour avec toute son influence , le
clergé avec toute sa domination , les ministres avec toute leur haine et leur volonté,

n'ont pu vaincre la révolution dans ce jour solennel que ses ennemis attendaient comme le jour de sa sentence! Par qui donc a-t-elle été défendue contre de si redoutables adversaires? par une puissance invisible qui commande aux puissances de la terre, qui élève et renverse les empires, par l'opinion, cette souveraine des rois, des ministres et du monde.

C'est elle qui, présidant à la restauration des rois de France, leur a dicté ces institutions généreuses sous l'égide desquelles ils ont placé leur nouveau sceptre. Dans les premiers actes solennels de leur réinstallation, ils ont reconnu et publié son invincible ascendant; mais ils en ont mieux connu la force dans une seconde infortune : leurs premiers ministres, remplis des rêves de l'émigration, croyant que la révolution française était née d'une folie, voulurent rappeler la France au respect de leurs vains préjugés; et persuadés qu'aucune opinion ne pouvait résister à celle de la cour, ils prétendirent gouverner par les prestiges de l'ancienne monarchie. Tout tomba : les prestiges, les ministres et le trône. L'opinion nationale fit connaître sa puissance, et il ne fallut pas moins de toute la force militaire de l'Europe, pour en faire le contrepoids.

Les rois de France déplorèrent l'imprudence de leurs ministres qui les avaient précipités dans une nouvelle adversité si voisine de la première, et qui pouvait être plus fatale. Ils reconnurent la royauté de l'opinion, sans laquelle ils ne pouvaient rétablir la leur, et ce fut alors que, pour se réconcilier avec elle, ils placèrent au gou-

vernail un homme considérable par ses qua-
lités privées et ses vertus publiques, par
la noblessé de son caractère et le poids de
sa parole, et par le respect profond que lui
portaient les rois d'Europe.

Les Français, à qui rien n'impose autant qu'une haute vertu, virent avec confiance leurs destinées flottantes s'arrêter
dans de si nobles mains. La vertu auprès
du trône est un phénomène presque inconnu
en France, et pourtant elle seule y obtient
des hommages universels que le seul ta-
lent n'y obtient jamais. L'ascendant d'une
grande vertu y est plus puissant que chez
aucun peuple de l'Europe. Les Français
renversent toutes les idoles ; c'est la seule
qu'ils laissent debout. Mais quand la vertu
paraît à la cour, on la reçoit comme une
étrangère, et le jour de sa sortie est résolu

au jour même de son entrée. Là , il ne faut
que des hommes prompts à la servitude :
servitio prompti.

L'honneur de remettre la couronne sur
le front des rois de France appartient à un
ministre célèbre redouté des rois d'Europe;
mais le duc de Richelieu a l'honneur de
l'avoir affermie. Ce fut un coup d'habile
politique d'avoir appelé auprès du trône un
homme dont le caractère élevé et généreux
semblait commander la même générosité à
tous les citoyens , et qui sut rattacher la
France à une domination qu'elle avait se-
couée. Il réconcilia avec la royauté un peuple
qui ne se fiait point à elle. Sa modération
apaisa les passions populaires; sa loyauté
rassura les esprits ombrageux ; sa vertu
imposa à tous. Sa parole fut une garantie
pour la France et pour les rois d'Europe ;

un million d'hommes armés reculèrent devant son nom ; il allégea le poids des tributs
imposés à la France ; il la préserva de la
guerre civile ; il mit fin à la guerre étrangère. Que faut-il de plus pour mériter
les hommages que les passions lui ont re-
fusés ? Pour avoir l'apparence de la grandeur, faut-il avoir fait incendier le Palati-
nat, où fait exterminer la population de la
Rochelle ?

Après qu'à sa voix les armées du continent eurent disparu, la France, délivrée de
la crainte de leur présence, tourna son esprit inquiet sur elle-même. Les partisans
de la vieille monarchie, auteurs de la seconde expulsion des rois, recommencèrent
à jeter du trouble dans l'Etat. La royauté,
mal affermie, livrée à la jalousie et à l'ambition des partis qui voulaient la faire ployer

à leur gré, allait se retrouver au milieu des
mêmes périls. Les ministres étaient placés
dans des circonstances inconnues, et aùx-
quelles on ne pouvait appliquer les règles
ordinaires de la politique. Rien dans le
passé ne pouvait servir de guide ; on était
sans boussole sur une mer ignorée. Tout
était nouveau en France : les rois, la constitution, la situation intérieure et extérieure de l'Etat. On essayait la royauté,
comme, après la république, on essayait
l'empire. La royauté s'essayait elle-même,
et ne savait sur quel peuple elle agissait. Le
duc de Richelieu comprit son siècle, et
s'y plaça sans hésiter ; il vit que le point
fixe était d'arrêter l'invasion de l'esprit
démocratique et de l'aristocratie, de poser une égale barrière à ces deux ambitions, et que le temps était venu d'unir par

une transaction les trois principales opinions politiques, populaire, aristocratique et royale : union indispensable à la monarchie combinée, la seule aujourd'hui qui puisse apaiser toutes les prétentions sociales (1).

Mais les passions ne s'arrêtent point où on veut les fixer : c'est vainement qu'il remplit son administration des hommes les plus honorables et les plus propres à seconder la noblesse de ses vues; c'est en vain qu'il associa à son ministère les hommes qui pouvaient donner le plus d'illustration à la France par leur savoir, leur sagesse et leurs talens. La fureur des partis s'accrut de sa modération. Tous les cœurs justes et généreux l'avaient compris et lui prêtaient leur

(1) BALESTE, *Concordat politique*.

force ; mais sa première force devait être
dans le roi même, et c'est celle qui lui manqua. Les passions politiques s'emparèrent du
trône, et triomphèrent de la sagesse et de
la prévoyance du ministre le plus digne de
l'estime des peuples et des rois.

Le duc de Richelieu se trouva bientôt
isolé au milieu des partis. Ne voulant céder
à aucun, il fut accusé par tous. Menacé
par les constitutionnels qui ne lui croyaient
point assez de bonne foi, menacé par la
cour qui lui en trouvait trop ; outragé par
les royalistes qui avaient ses vertus en haine,
attaqué par leurs adversaires qui ne voulaient que des passions, il était impossible
à ce noble ministre de se maintenir au milieu de tant de résistances, de lutter seul
contre la haine et l'influence de la cour,

contre l'impatience des constitutionnels et les fureurs des royalistes (1).

Tel est le sort de la sagesse dans les temps de violence ; telle est la fin de la vertu au milieu des passions criminelles : Caton échoua dans sa transaction entre la république mourante et la monarchie naissante ; le chancelier de l'Hospital échoua dans sa transaction entre les catholiques et les protestans ; le duc de Richelieu échoua dans sa transaction entre les royalistes et les constitutionnels.

Mais il faut oser le dire, sans crainte d'errer ou de déplaire, si le duc de Richelieu n'eût pas trouvé son plus grand obstacle

(1) Il faut toujours entendre par ce nom les royalistes absolus.

dans les environs du trône, il aurait triom-
phé de la révolution et de la contre-révolution, des passions politiques, des hommes
et des événemens. Cette gloire n'eût pas
manqué à sa vertu.

Sans doute, le duc de Richelieu a fait
des fautes, et toutes sont des malheurs : il
en a fait dont les conséquences sont deve-
nues incalculables, il a trop cédé à un parti
qui ne cède rien ; il a trop refusé à un parti
qui lui aurait plus accordé ; il supposa trop
de générosité aux royalistes et point assez
aux constitutionnels ; supérieur aux préjugés, il n'en connut pas la force dans les
ames vulgaires : il craignit trop un parti
qui n'avait rien de redoutable, et qui, sans
force réelle, ne pouvait que jeter des cris.
Il s'effraya d'un fantôme ; il méconnut toute
la force qui l'environnait. Dans les conjonc-

5

tures nouvelles où il se trouvait, l'expérience lui manquait, comme elle manquait à tous. Il la cherchait, mais les passions sont plus promptes que la sagesse ; elles renversèrent toutes ses combinaisons.

Il était rentré au ministère avec chagrin, il en sortit avec regret ; il voyait tout le bien qu'il avait fait, il savait tout le bien qu'il devait faire : l'Europe fut inquiète de sa retraite, affligée et presque épouvantée de sa mort. En jetant le fardeau, il prédit des malheurs à la monarchie. Ses successeurs sont là pour justifier ses prédictions.

La première faute dont il fut accusé par le parti national est d'avoir fait entrer la France dans l'alliance des rois d'Europe. Trompé, comme l'Angleterre, sur le but de la sainte-alliance, il s'en serait retiré, comme elle, en voyant qu'elle n'était qu'une conjuration des rois contre les peuples.

Mais la faute qui lui est le plus justement et le plus amèrement reprochée, c'est d'avoir établi le dernier système électoral , système funeste qui a rassemblé sur la scène politique tous les ennemis des libertés publiques. Le duc de Richelieu ne prétendait faire que l'essai d'un nouveau mode. Epouvanté de l'ardeur des constitutionnels qui mettaient leurs projets à jour , trompé par l'hypocrisie des royalistes qui cachaient mieux les leurs, il crut éviter le danger de la démocratie, et tomba dans tous les périls de l'aristocratie. Il fut la première victime de ce fatal système : il fut renversé par ceux-là mêmes qu'il avait retirés du néant, et qu'il aurait dù y laisser, par le double motif de leurs sentimens anti-nationaux et de leur notable incapacité.

Mais ce qui fera la gloire du duc de Richelieu, ce qui le rendra cher à l'humanité entière que son existence a honorée, ce qui lui a conquis l'estime et le respect des nations civilisées, c'est d'avoir voulu établir son noble système politique sur les vertus publiques et les sentimens d'honneur qu'on peut trouver dans le cœur humain; système admirable, inconnu dans la politique des cours, que les corrupteurs des peuples ont affecté de croire impraticable, mais en effet plus aisé à pratiquer que l'infâme système de dépravation fondé sur la bassesse et la méchanceté des hommes, et établi, à leur honte, par les ministres actuels. Chacun prend ce qu'il trouve dans son cœur; le duc de Richelieu trouva sa politique dans le sien; que les ministres actuels nous disent où ils ont pris la leur?

C'est au temps à révéler les secrets de l'histoire. Le silence est la prudence des contemporains. Un voile couvre les intrigues qui ont fait succomber une vertu si éminente; c'est à l'histoire à y porter le jour, et à dire comment le trône a pu se séparer d'un homme qui en faisait l'honneur et la sûreté.

Le renversement du duc de Richelieu fut l'élévation des ministres actuels; le choix en était fait bien avant leur avènement. Ils étaient déjà les chefs des deux influences occultes, si souvent dénoncées, si souvent niées, et qui ont enfin déclaré leur nom, sous la protection de ces ministres.

La défaite du duc de Richelieu livra le champ de bataille aux royalistes absolus; comme en Espagne, après l'expulsion de M. Martinez de la Rosa, les royalistes du même titre s'emparèrent du gouvernement.

Ces royalistes sont les mêmes pour le fond des doctrines ; on peut les reconnaître aux mêmes préjugés, au même orgueil, au même esprit de servitude, à la même avidité, à la même haine des libertés publiques, au même mépris des nouvelles élévations. Leur différence n'est que dans les mœurs et dans les positions, ce qui explique la violence des uns et la prudence des autres ; mais le but et les vœux sont semblables, si les actions ne peuvent l'être.

Leur victoire en France fut complète, et tellement incontestable, que les constitutionnels eux-mêmes se livrèrent volontairement au pouvoir de leurs ennemis ; nouvelle preuve qu'en ce temps l'expérience manquait aux plus habiles. Cet abandon et cette bonne foi des constitutionnels furent un sujet de moquerie aux royalistes.

C'est à cette époque qu'il se fit un changement prodigieux dans l'état moral de la France qui cessa tout à coup de ressembler à elle-même. Le duc de Richelieu avait ranimé toutes les vertus publiques et privées, et lui-même en donnait l'exemple; il avait excité tous les sentimens généreux si faciles à vivifier dans le cœur du peuple français qui ne veut jamais être en dessous de ses modèles de noblesse.

Les ministres ses successeurs, créés dans les intrigues, ne mentirent point à leur origine; ils allèrent chercher au fond des cœurs tout ce que les passions y produisent de honteux. Le duc de Richelieu, environné d'une immense considération, n'éprouvant que la passion du bonheur public, n'ayant que des vues honorables pour la France et pour ses rois, n'avait point à recourir à ces moyens méprisables que repoussait sa politique et son cœur. Ses successeurs réprouvés par l'opinion nationale, n'ayant leurs forces que dans la violence des partis qui les avaient élevés, n'étant saisis du pouvoir que dans l'intérêt de ces factions, n'apportant que des projets hostiles contre les libertés publiques, eurent recours à tous les moyens odieux, pour assurer des succès qui ne le sont pas moins. Presque toujours la fin ressemble aux moyens, et les moyens révèlent la main qui les emploie.

On vit alors se développer ce trop fameux système de déception et de corruption qui depuis cinq ans flétrit et dégrade la nation française, qui a déshonoré tous les cœurs qui en sont atteints, ou affligé tous les cœurs qui en sont préservés. Un second système de délation et de persécution fut ajouté au

premier, et de la réunion des deux se com-
posa toute la politique de ces ministres :
ainsi une·grande nation, qui venait d'être
rappelée à tous les principes de justice et
de loyauté, fut ébranlée jusque dans les
fondemens de sa morale, et vit briser tous
les liens d'honneur qui unissent les citoyens.

Quelque noble que soit une nation, elle
renferme toujours un grand nombre d'esprits dégradés qui volent au devant de la
corruption, et un plus grand nombre de
consciences mal affermies qui l'acceptent ;
elle ne manque pas non plus d'hommes dé-
pravés et avides qui fondent leurs succès
sur les revers de leurs semblables, et sont
les instrumens naturels d'une politique im-
morale et inhumaine ; c'est sur ces portions
honteuses de la société que ces ministres

ent établi leur principale action. Ils n'ont point été chercher ces plaies du corps social, pour les laver ou les guérir, mais pour en tirer la gangrène et la communiquer aux parties saines de l'Etat.

Un édit de juillet 1561 punit de mort les faux délateurs : il a été rendu pour mettre un frein à cet esprit de délation qui se reproduit dans toutes les discordes civiles; sous les ministres de nos jours, la délation, quelle qu'elle soit, a eu des honneurs et des récompenses (1). Tous les départemens gémissent sous un pouvoir délateur : on menace ceux qui craignent, on corrompt ceux que l'on craint; voilà tout le secret de la politique ministérielle. Depuis cinq

_____

(1) *Delatores, genus hominum publico exitio repertum, per præmia eliciebantur.* (TAC.)

ans , la corruption monte et descend dans
toutes les classes de la société , et le peuple
français est tellement dénaturé par ce système général de terreur et d'avilissement,
qu'il est arrivé à ce terme de dégradation
où les peuples sont assez malheureux pour
ne pouvoir plus retremper leur vertu que
dans des catastrophes politiques. Voilà l'extrémité où les ministres l'ont réduit.

C'est ici qu'il est important de remarquer
combien le caractère des hommes qui gouvernent, a d'empire et d'influence sur celui
des peuples qui en général empruntent à leur
gouvernement leurs vertus ou leurs vices.
La nation française , à qui cette vérité politique est plus applicable qu'à toute autre ,
était déjà entrée dans la modération et dans
la loyauté du duc de Richelieu ; sous un tel
ministre et devant un si sage modèle , elle

était capable de toutes les vertus publiques ;
elle prend ses mœurs et ses usages sur les
sommités ; elle y prend ses exemples de
vices ou de vertus, de bassesse ou de grandeur ; elle s'identifie avec ceux qui la gouvernent (1).

Ce qu'il y a donc de plus funeste à de
grands peuples, c'est d'être gouvernés par
des hommes vulgaires. Leur dégradation est
inévitable : tout ce qu'ils ont de noble en
est bientôt effacé. Cette triste vérité accable
la France. Quelquefois le peuple nous frappe
par des sentimens de noblesse inattendus,
comme on le remarque même dans les fureurs politiques ; mais les ministres actuels

---

(1) *Ut cupiditatibus principum et vitiis infici
solet civitas, sic emendari et corrigi continentiâ.*
                                        (Cic.)

n'ont pas même pu s'élever à cette noblesse populaire, car, dans le long cours de leur ministère, aucun acte de grandeur d'ame n'a aidé à faire supporter leur pesante administration ; assez souvent l'exercice de l'autorité inspire des sentimens élevés , mais cinq années de pouvoir n'ont pu faire germer en eux un seul élan magnanime. Ils ont empreint la France de leurs propres sentimens. Ils ne veulent rien d'éminent , ni en vertus , ni en talens ; ils ont cherché un niveau qu'ils ont trouvé à la cour où sont réunies toutes les incapacités. Tous les citoyens remarquables par leur mérite , ou par la hauteur de leurs sentimens , ont été écartés ou rejetés des fonctions publiques avec un soin étudié. C'est un des plus anciens secrets de la science despotique , de se défaire des vertueux et des sages, et de faire obéir le reste ,

de gré ou de force (1). Ces ministres ont établi une médiocrité systématique qui commence à eux et se prolonge jusqu'aux dernières chaînes de leur administration, et
qui est en parfaite harmonie avec tout ce qui
les environne et les protége. Ce qui s'y
trouve de talens et de mérite leur a échappé,
car ils disent comme les gens d'Ephèse, en
chassant Hermodore : *Que personne ne
soit au dessus de nous* (2) !

C'est un juste sujet d'étonnement que la
France, si riche d'hommes supérieurs, ne
voie presque toujours auprès du trône que

---

(1) *Viros probos et sapientes è medio tollere,
hisque sublatis, cœteros vel nutu, vel vi, ad ser-
viendum compellere.* (THRASYBULE.)

(2) *Nemo de nobis excellat.*

des esprits subalternes qui, par la médiocrité de leurs vues, détruisent la considération nationale, et ôtent au peuple français
cet air de magnanimité qu'il aurait éminem-
ment sur tous les peuples du monde. Nous
pourrions prendre nos exemples dans l'ancienne comme dans la nouvelle monarchie;
la France a toujours été le pays des médio-
crités élevées, et des supériorités abaissées.
C'est une des causes qui tiennent la France
si en arrière des autres peuples ; mais cette
cause s'enchaîne à d'autres, et ce n'est point
ici le lieu de leur développement.

Tout plan politique se compose des moyens
et du but : nous avons parlé des moyens des
ministres ; il faut les suivre dans leur but.
Leur but a été évidemment d'anéantir le
grand œuvre de la révolution, d'abolir toutes
les institutions qui en sont sorties , de réta-

blir celles qu'elle a détruites, de rappeler
la France à sa première obéissance, et de
la reproduire à ses rois, telle qu'elle était
dans les beaux jours de leur ancienne domination. On pourrait pénétrer plus avant
dans la profondeur de ce mystère politique,
mais les contemporains n'ont point les pri-
viléges de l'histoire.

Avant de recréer les choses, il fallait s'emparer des hommes propres à seconder ce
grand plan de rétrogradation. Ils s'environ-
nèrent et firent leur appui de tous les anciens privilégiés qui appartiennent à ces
temps de rétrogradation, et à qui les préjugés sont plus chers que les droits de l'humanité ; ils remplirent leur administration
des hommes du même esprit, et animés des
mêmes intérêts ; ils en exilèrent tous ceux
qu'ils soupçonnèrent d'attachement aux nou-

velles institutions ; ils appelèrent à leur
aide toute la milice de Rome si redoutable
aux libertés publiques, si favorable à toutes
les servitudes. Ils rétablirent le pouvoir absolu en Espagne, comme précurseur du
pouvoir absolu en France ; ils sapèrent
d'un seul coup la pierre angulaire de l'édifice constitutionnel, par la septennalité qui
leur donne le temps nécessaire à l'accomplissement de leur gigantesque entreprise.
Tous leurs actes politiques, patens ou occultes, toutes les lois proposées et préparées, tous les établissemens nouveaux,
toutes les doctrines répandues et ensei-
gnées, politiques ou religieuses, tout enfin
a été dirigé dans le même esprit, vers le
même but. Les mêmes intentions ont conduit leur administration intérieure et leur
politique extérieure. Ils les sanctionnent au

dedans par la persécution de toutes les in-
dépendances; ils les sanctionnent au dehors
par leur étroite alliance avec tous les cabinets despotiques.

Les premiers actes d'un ministère donnent promptement l'intelligence de sa politique et de son administration. Les paroles
fallacieuses n'en imposent que jusque là.
Celui-ci fit son début par la violence et les
persécutions ; c'est la marche des factions.
La France vit aussitôt qu'elle n'avait point
encore un ministère national, et qu'elle
était tombée dans les impitoyables mains
des royalistes. Ceux-ci, encore tout palpi-
tans de ce premier triomphe, et croyant
qu'il en est d'une victoire politique comme
d'une victoire militaire où l'on ne laisse pas
prendre haleine à l'ennemi, poussaient les
ministres à précipiter leur marche, et les

ministres au contraire les suppliaient de
ralentir la leur. Il n'y avait point alors un
champion de la phalange ministérielle qui
ne crût qu'on pouvait mettre toute la France
à la raison avec une compagnie de gen-
darmerie. Les ministres, mieux éclairés sur
les dangers de leur position et de leurs ten-
tatives, sachant bien qu'on ne triomphe pas
d'une opinion nationale comme d'une cla-
meur de royalistes, laissèrent ce trop de
zèle se consumer de lui-même, et voulurent
s'assurer de la France par un art mieux
entendu. Ils jugèrent habilement que la
meilleure et la plus sûre garantie de leurs
succès était dans un système de déception.
Rien n'est plus outrageant et plus fatal à la
justice que la perfidie qui veut conserver
l'apparence de la probité. (1)

_____

(1) *Totius justitiæ nulla est capitalior pestis,*

La déception en effet fut l'esprit et l'ame de l'Etat. Tout devint artifice et mensonge : chaque parole couvrit un sens opposé : ainsi ils répandirent la corruption, au nom de la morale publique; exercèrent leurs violences, au nom de la justice ; appelèrent le fanatisme, au nom de la religion; enchaînèrent les votes et les consciences, au nom de la liberté; mirent en corps la vieille aristocratie, au nom de la royauté; et enfin dépécèrent la Charte, au nom même de la Charte.

Ainsi, ils eurent bien soin de conserver les noms, en ravissant les choses, et firent honneur à cette leçon du grand précepteur des rois, *qu'il faut que le peuple soit si*

---

quàm eorum qui tùm, dùm maximè fallunt, id agunt ut boni viri videantur. (Cic. de Off.)

*adroitement trompé, qu'il pense avoir ce
qu'il n'a pas* (1).

La France, qui sortait de l'administration
loyale du duc de Richelieu, vit ce scandale
avec indignation. Le parti constitutionnel
mesura la grandeur de sa faute, et la France
celle de son malheur. Il n'était plus temps.
Tout se faisait au nom du roi; il fallut tout
souffrir au nom du roi.

L'hypocrisie politique se croyant encore
trop faible devant le génie d'une nation
éclairée, se fortifia de l'hypocrisie religieuse, plus puissante et plus habile; et
c'est à ces deux malignes influences qu'est
aujourd'hui livrée cette même France qui
avait détruit naguère toutes les supersti-

---

(1) *Ità inescatur plebs, ut putet se habere id
quod non habet.* (MACHIAVEL.)

tions politiques et religieuses, et qui s'en souvient encore.

L'une se couvrit du nom de la royauté; l'autre se couvrit du nom de la religion. Par ces noms si imposans, on crut enchaîner toutes les résistances; on accusa toute opposition d'outrager la religion ou la royauté, et souvent l'une et l'autre.

Les ministres ayant opéré la désorganisation de la France constitutionnelle, proscrit et dispersé ses défenseurs, ayant mis en masse et en mouvement tous les élémens retrouvés de la contre-révolution, les succès de la conjuration ne paraissaient pas douteux. Les hommes de la vieille monarchie s'emparèrent de tous les postes civils et militaires; des légions de prêtres s'emparèrent des esprits et des consciences : les Jésuites se saisirent de l'instruction publi-

que qui est la clef de la voûte, et en leur
qualité de généraux des armées romaines,
commandèrent toutes les évolutions du clergé; les rois de la Sainte-Alliance, ayant reçu
ou donné le mot d'ordre, se tinrent en armes en face de la France; et cependant,
avec la réunion de toutes ces forces morales
et matérielles, avec tant de secours inté-
rieurs et extérieurs, avec tant de moyens
combinés au dedans et au dehors, la contre-
révolution n'a pas été faite, et elle ne se
fera pas. Déjà même aujourd'hui la question
tourne contre elle-même. Il ne s'agit plus
de savoir si la contre-révolution ne se fera
pas, il faut savoir si le dessein de la faire
ne produira pas des conséquences tout
opposées.

Précipitée de sa gloire, frappée dans ses
libertés, atteinte d'une corruption presque

générale, menacée par l'invasion d'une aristocratie anti-constitutionnelle, replacée sous
le joug du sacerdoce, tourmentée par une
administration tyrannique, au milieu de
tant d'abîmes ouverts, trois moyens de salut
restèrent à la France : sa chambre des pairs,
sa magistrature et son esprit national.

La contre-révolution n'étant encore que
dans les personnes et dans les actes, la
grande difficulté était de la faire entrer dans
les lois, car ses fondemens ne seront point
posés, tant qu'elle n'aura point une existence légale. Le ministère proposa à la chambre haute un projet de loi qui la comprenait
tout entière ; ce projet fut rejeté, et les
pairs de France, comme les sénateurs des
beaux jours de Rome, méritèrent le glorieux
nom de pères de la patrie.

La loi du droit d'aînesse, qui apportait

tout l'ancien régime, ouvrit les yeux à la
France long-temps abusée, et mit fin à tous
les doutes sur les complots ministériels.

D'autres projets funestes renvoyés à leurs
auteurs, avertirent les ministres que les libertés publiques avaient des remparts dans
la chambre haute, et que ce grand corps
de la véritable aristocratie saurait les défendre contre toutes les attaques.

Ce furent ces éminens services rendus à
la patrie, ce furent ces grands bienfaits
rendus à un grand peuple, qui firent la noblesse de Rome, et qui font aujourd'hui la
noblesse de la France. La chambre des pairs
est le vrai corps de la noblesse ; elle n'est
point ailleurs ; c'est là qu'elle est dans sa
gloire. La noblesse de cour disparaît devant
elle. Une noblesse qui ne veut être qu'une
décoration de palais, ne peut être un orne-

ment de l'empire. La noblesse de la chambre haute marche à côté du roi, la noblesse de palais marche à sa suite. Les pairs qui sont de la cour sont bien au dessus d'elle; si des avantages leur viennent de la cour, leur gloire vient de la chambre.

C'est vers la chambre des pairs que l'ancienne noblesse doit diriger son ambition ; c'est une voie qui lui est ouverte pour retrouver sa dignité, et la venger de ses humiliations. La politique de Louis XIII n'a détruit que les nobles ; la politique de Louis XIV a détruit la noblesse même. C'est dans la chambre haute qu'elle reprendra ses sentimens élevés, éteints dans la servitude des cours ; si elle veut se réconcilier avec la nation, il faut qu'elle s'associe à la défense de ses institutions ; cette gloire vaut bien l'honneur de l'antichambre des rois.

La chambre des pairs, placée au premier degré de l'échelle politique, réunissant tout ce qu'il y a de plus éminent en dignités, en vertus, en éloquence, en talens, en sentimens généreux, est le corps le plus considérable de l'Etat, non seulement par sa haute position, mais encore par le noble usage qu'elle fait de sa grande autorité, par les immenses services qu'elle a rendus à la France constitutionnelle, et par cette puissante force morale et politique dont elle s'est environnée dans les dernières sessions. Dans les jours de dangers, dans ces grandes crises politiques où sont souvent jetés les empires, toute la France se tournerait vers elle, et en attendrait sa gloire et son salut.

La chambre des pairs, aujourd'hui mieux éclairée sur les projets contre-révolutionnaires des ministres, ne voterait pas sans doute la loi de la septennalité, loi fatale, coup mortel porté à l'Etat, et la plus grande victoire qu'aient remportée les ennemis des libertés publiques ; l'exemple de l'Angleterre a perdu la France, et qui ne sait cependant que cette loi est le deuil de l'Angleterre constitutionnelle.

La septennalité peut être aussi funeste au pouvoir royal qu'au pouvoir populaire, et elle a pu être proposée contre la royauté, comme la quinquennalité des magistratures a été proposée à Rome contre les Césars (1). Cette loi est uniquement aristocratique, et elle attaque également la prérogative des

---

(1) *Asinius Gallus censuit in quinquennium magistratuum comitia habenda : haud dubium erat eam sententiam altius penetrare, et arcana imperii tentari.* (TAC. AN..., l. II.)

rois et la prérogative des peuples. On en
connaîtrait tout le danger, s'il y avait un
jour une chambre septennale ambitieuse et
indépendante.

Mais, qui a la puissance d'établir a la
puissance de détruire (1), et sans doute un
jour la chambre des pairs méritera la reconnaissance de la France électorale.

La magistrature française, qui, d'abord
effrayée de la licence constitutionnelle, était
entrée dans les passions ministérielles, s'est
promptement repentie de ce dangereux en-
traînement. Elle s'est vue placée, comme
les parlemens, au milieu des pouvoirs envahis-
sans. Les anciens colosses qu'ils avaient
autrefois combattus et renversés, se repré-

---

(1) *Cujus est legem jubere, ejusdem est abro-
gare.*

sentèrent devant elle. Elle montra par son attitude qu'elle avait le souvenir de sa gloire et le sentiment de sa force. Elle a repris ses mêmes armes contre les mêmes ennemis.

Sanctuaire de la justice universelle, sauvegarde de la morale publique, dépositaire des droits des hommes et flambeau de leurs intérêts, la magistrature française n'est pas seulement considérable pour la France, elle l'est pour le monde entier. Elle est l'oracle de la justice humaine, et elle l'exerce avec autant d'intégrité que la justice peut être rendue aux hommes par des hommes. Elle a eu la plus grande part à la civilisation de l'Europe, et il serait facile de prouver que sans elle la France et l'Europe même seraient encore dans l'état des gouvernemens d'Orient.

C'est par ses vertus, ses lumières et son

courage, que la magistrature française s'est placée si haut, et qu'elle a pris le premier rang dans l'ordre moral des sociétés ; cet éclatant hommage lui est dû.

Mais quand elle sort de l'ordre moral pour entrer dans l'ordre politique, on ne remarque plus en elle ce même esprit impassible et presque infaillible qui lui appartient quand elle prononce sur les intérêts de la morale et de la justice. C'est alors qu'elle découvre le côté de l'humanité. Appelée à régler les intérêts et à juger les actions des hommes, c'est porter atteinte à son immuable caractère que de la faire prononcer sur leurs opinions. Les opinions politiques sont jugées par des préjugés politiques. Les préjugés politiques la rapprochent trop du gouvernement qui en est le foyer, et lui font subir son influence. C'est

un écart et un danger d'avoir exposé la
magistrature, qui a des principes fixes, à
tomber dans le vague des opinions politiques où l'honneur et la vertu ne sont point
intéressés, et à l'associer à des passions au
dessus desquelles elle est placée. Aussi,
nous la voyons, sortie de sa noble sphère,
tantôt s'élevant au dessus du gouvernement, tantôt s'abaissant à son niveau, tantôt vengeant la France de ses ministres, et
tantôt les vengeant; aujourd'hui contraire
à Rome, et demain favorable; et au milieu
de ces fluctuations, rendant des jugemens
dignes du temps de Galilée, ou, comme
le tribunal d'Athènes, condamnant la philosophie de Socrate, ou, comme le Parle-
ment d'Aix, jetant aux flammes *les Pro-
vinciales*, et ordonnant, sous peine, aux
vérités les plus reconnues en Europe, de

s'arrêter sur les frontières de France, terre privilégiée des superstitions et des préjugés.

Quoi qu'il en soit, ce grand corps, digne de la reconnaissance et du respect des hommes, s'est constitué le protecteur des libertés publiques au milieu des attaques qui les menacent. Dans cette guerre que la raison soutient contre les préjugés, la liberté contre le despotisme, la religion contre le fanatisme, la vertu publique contre la corruption ministérielle, il s'est montré digne du haut degré où il est placé dans l'estime et la vénération du monde. Un État, quelque accablé qu'il soit de tous les fléaux politiques, ne périt point tant que sa magistrature se conserve dans sa vertu et son indépendance. Que la France rende gloire à la sienne! elle lui doit une grande part de son illustration; elle soutient dignement l'hon-

7

neur de l'antique magistrature, et la France nouvelle, comme l'ancienne, a aussi son l'Hospital.

La Chambre des pairs et la magistrature ont été les deux boulevards de l'Etat constitutionnel. Ces deux corps illustres ont représenté l'esprit national de la France qui est la troisième puissance qui appuie les deux premières ; lui-même, appuyé des droits de la justice et des lumières de la raison, doit triompher, avec ses défenseurs, de tous les obstacles qu'on lui oppose, survivre glorieusement à tous les dangers, et régner souverainement sur l'esprit de faction ; mais il ne faut pas moins de toute sa force vivante, pour s'élever au dessus des abîmes dont le sol de la France est creusé de toute part.

L'esprit national a cet immense avantage

que dans la lutte qu'il a eu à soutenir contre
l'esprit ministériel, il s'est agrandi, étendu
et fortifié de toutes les résistances, et qu'il
est arrivé à cet accord d'opposition, à cette
unité de force contre laquelle tôt ou tard doivent échouer la violence et les efforts des factions. Quand une opinion générale est formée, elle touche à son triomphe; elle n'a
pas d'autre effort à faire que de se maintenir
au degré où elle est parvenue; la première
circonstance lui livre la victoire. Il n'y a
point d'exemple d'une opinion générale vaincue. Elle peut être passagèrement opprimée,
mais elle finit toujours par précipiter ses op-
presseurs. Le ministre Castlereagh voulut
gouverner contre l'esprit national de son
pays, et il courut lui-même au devant de
son châtiment. Tant que l'opinion républicaine fut générale à Rome, l'esprit royal

ne put rien contre elle; quand l'esprit royal s'éleva sur sa ruine, les efforts des derniers républicains ne purent rien contre lui. Si l'opinion républicaine eût été générale en France, nous n'aurions plus revu la monarchie; elle ne s'est relevée que parce que l'esprit monarchique y était plus général que l'opinion républicaine. Cette vérité est encore plus triomphante dans les petites républiques d'Europe, qui se sont maintenues par leur esprit national, au milieu des monarchies jalouses. Que l'opinion constitutionnelle se rassure, et qu'elle attende!

Mais l'assurance de sa victoire ne doit pas ralentir sa vigilance. Ses ennemis sont nombreux, infatigables, et ne s'arrêtent point au choix des moyens. Les deux puissances qui ont fait l'embarras et le danger de tous les règnes se sont de nouveau emparées des ressorts de l'Etat. Ils cernent la France constitutionnelle de toute part, et leurs armes les plus dangereuses ne sont pas celles qui sont visibles.

La politique ministérielle n'est pas ce qu'il y a de plus grave dans l'état actuel de la France ; elle serait déjà tombée sous le mépris public, si elle n'eût fait alliance avec une puissance qui lui est supérieure. Un vulgaire machiavélisme peut avoir la durée d'une faction, mais disparaît avec elle. Si cette durée est beaucoup dans la vie de l'homme, elle n'est rien dans la vie de l'Etat.

Mais ce qui doit jeter l'effroi dans tous les rangs de la société, c'est l'invasion générale de la puissance religieuse en France et en Europe, favorisée par des rois catholiques, puissance qui s'élève au dessus des dominations, qui se fait loi avant la loi ;

qui se nomme l'autorité, devant qui les rois ne sont que des sujets, les peuples des esclaves, et qui, prenant ses titres en dehors de l'humanité, se fait un droit de n'en reconnaître aucun (1).

La puissance religieuse une fois établie peut braver à son gré tous les pouvoirs et toutes les volontés. Elle ne redoute que l'empire de la raison qui doit être son écueil.

Deux voix puissantes se font entendre sur la terre : la raison qui place l'homme dans un monde positif, la superstition qui le jette dans un monde idéal. Le combat est entre le connu et l'inconnu. L'ignorance est au fond de l'esprit de l'homme, et la crainte

_____

(1) *Pontificem esse suprà omne jus, contrà jus, et extrà jus omne.*

est au fond de son cœur ; il trouve aussi dans sa profondeur un sentiment religieux inné, vague, imparfait, qui le pousse vers la divinité, et le prosterne aux pieds de ceux qui parlent en son nom.

Au milieu des folies du paganisme, une religion simple et pure est venue au secours de son esprit et de son cœur. Elle lui apportait les vrais préceptes de la vertu, lui donnait la connaissance de ses droits et de ses devoirs. Cette religion pleine de douceur et d'équité s'établit sur toute la terre. Elle devait s'y propager. L'Evangile, ce premier code libéral offert aux hommes en société, apportait la liberté au milieu de toutes les servitudes, l'égalité au milieu de toutes les dégradations de l'espèce humaine ; c'était le plus grand présent fait à l'humanité. Mais cette religion, bientôt livrée

aux passions des hommes et aux écarts de
leur intelligence, ne demeura pas long-
temps dans sa simplicité et dans sa pureté;
son esprit fut interrogé, son sens fut dé-
tourné, son langage fut accommodé aux
convenances mondaines, et appliqué aux
besoins des passions. Elle finit par se noyer
dans les interprétations, et on cherche en
vain son humilité sous les magnificences de
son culte. Elle a même perdu son premier
titre de religion chrétienne, et il lui est dé-
fendu à Rome d'y paraître sous son nom.
Enfin, elle est si loin de son sens primitif
et de son institution, qu'elle ressemble à
ces monumens anciens démolis dont on a
employé les pierres à la construction d'autres édifices, comme les pierres des temples païens ont elles-mêmes servi à la construction des temples chrétiens; et, en effet,

on vit jadis les pratiques du paganisme s'immiscer et s'adapter au culte chrétien, comme on avait vu le pontife Boniface changer le temple de Cybèle en église de Sainte-Marie, et le pontife Honoré couvrir l'église de Saint-Pierre avec les tuiles du Capitole.

Les lévites de la seconde loi ont changé cette religion douce et consolante où tout est espérance, en une religion ombrageuse et menaçante où tout est terreur. Ils ont transféré l'autorité de Dieu à eux-mêmes, et ont transféré à Dieu leur langage et leurs passions. Le fondateur du christianisme n'a établi qu'une croyance ; ils en ont fait un pouvoir ; mais, quand la croyance se fait pouvoir, elle n'est plus la croyance du Christ. Tout pouvoir religieux doit être fondé sur une parole divine, et la parole du Christ ne

leur en attribue aucun. Lui-même n'exer-
çait aucune autorité, et s'il revenait sur la
terre au milieu de ceux qui se couvrent de
son nom, il pourrait leur adresser, plus justement qu'à sa mère, cette parole si fameuse : *qu'y a-t-il de commun entre vous
et moi* (1)?

Cependant, quoique le royaume des prêtres ne soit pas de ce monde, ils se sont
emparés du monde, et avec la religion ils
ont fait un gouvernement religieux qui a
mis le commandement dans Rome, et l'o-
béissance en tous lieux. La religion est en
nom, le pouvoir est en fait. Le sacré couvre
le profane. Les pontifes ont imité les empereurs dont ils occupent la place. Jadis les
empereurs ont affecté le sacerdoce, et de-

_____

(1) *Quid mihi et tibi est?* (Ev.)

puis les pontifes ont affecté l'empire. Autrefois l'élection des pontifes n'était valide qu'après la sanction des empereurs (1); aujourd'hui peu s'en faut que l'élévation à l'empire ne soit valide qu'après la sanction des pontifes, car ils ont su changer leur *servus servorum* en *dominus dominorum.*

La religion romaine, qui n'est et ne doit être qu'une croyance, est devenue l'instrument de la politique romaine, et, dès qu'on l'attaque comme instrument politique, elle se plaint comme croyance. Voilà le secret et la force de Rome. Si le chef du gouvernement romain est attaqué comme prince

---

(1) *Cùm usu receptum fuisset ut nullus romanus Pontifex ritè electus diceretur, nisi id nobis vel exarcho nostro ratum firmumque haberetur.*

(EPISTOLA CONSTANTINI BENEDICTO II.)

de la terre, il se met sous la robe du Christ ;
c'est le Christ, né dans une étable, qui est
dans le palais du Vatican ; c'est un trône
de diamans qui est l'humble autel du Christ;
c'est sa couronne d'épines qui est la couronne à trois rangs des pontifes. Mais, quand
le pape Paul II succomba, dans les rues de
Rome, sous le nombre et le poids des diamans et des pierreries dont sa tête était
chargée (1), était-ce aussi l'image du Christ
succombant sous la pesanteur de sa croix !

Toutes les paroles qui tombent du nouveau Capitole tombent de la voûte céleste,
et vont retentir dans toutes les chaires
apostoliques. C'est là qu'il est enseigné que
le spirituel est au dessus du temporel au-

(1) Platine de Crémone, historiographe de
Sixte IV.

tant que les pontifes sont au dessus des rois. Les prêtres ont deux souverains contre la parole même de leur maître (1); mais ils ne doivent au prince terrestre qu'une soumission de bienséance, et ils doivent à leur prince spirituel une soumission aveugle de dévouement. Cette différence de devoirs est marquée dans leurs sermens.

Tout ce qui dans le clergé a l'ambition des dignités ecclésiastiques, est par cela même dévoué à Rome qui les dispense: la création des cardinaux a attaché toutes les Églises à celles de Rome. C'est le plus habile coup de la politique romaine. Les rois n'ont point assez pesé ses immenses conséquences; il a transporté le dévouement de

---

(1) *Nemo potest duobus dominis servire.* (Ev.)

leur clergé à un autre souverain. Par là
toute Eglise catholique est devenue Eglise
romaine. Quel est le saint évêque qui n'as-
pire point à cette dignité étrangère ? et quel
évêque gallican oserait prétendre aux honneurs du sacré collége ? Tous savent bien
qu'à Rome il ne faut rien que de romain.
Pour Rome, l'Eglise gallicane est une Eglise
protestante ; les grands oracles de cette pré-
tendue reine du monde ne lui donnent pas
d'autre nom. Le gouvernement religieux de
Rome ne souffre aucune dissidence : il commande l'unité de doctrines et l'unité d'obéissance. Sous ce gouvernement, le plus absolu de tous, toute dissidence est une héré-
sie, toute indépendance un attentat.

Tel est ce fameux empire théocratique
sous qui doivent se ranger toutes les croyan-
ces humaines et tous les pouvoirs de la

terre, dont la politique astucieuse, pour arriver au commandement suprême, a été flexible ou impérieuse selon les temps, les hommes et les événemens (1); dont le souverain ne veut point séparer sa magistrature divine de la domination du monde, et qui ordonne à tout ce qui respire de croire, d'obéir et de se taire.

Mais si les peuples veulent bien croire, ils ne veulent plus obéir et se taire. Loin de se taire, ils pensent que le temps est venu d'interroger ceux qui leur imposaient

---

(1) *Pontifices Ecclesiæ romanæ insigni astuciá, secundùm temporum varietatem, sua variarunt statuta, nullam ob causam nisi ut sensim omnia et cœlestia et terrena, et spiritualia et temporalia pedibus suis, ut palàm gloriantes, subjicerent.*

(ALBERTINUS.)

silence. De tous les lieux où l'esprit humain a repris sa dignité, une voix s'élève et parle plus haut que les commandemens du Capitole.

Pontifes de tous les degrés, qui êtes assis auprès des rois, ou qui êtes au milieu des peuples, qu'avez-vous fait de la raison de l'homme? qu'avez-vous fait de la morale du Christ? Avez-vous sur votre robe la blancheur de la sienne? Que vous est-il resté de la primitive Église? n'a-t-elle été bâtie que sur le sable de la Judée? Où sont ses ruines plus belles que vos édifices? dites-nous par quel renversement il se fait que les décrets de l'Évangile sont une moindre autorité que les ordonnances de vos assemblées? comment il se fait que le commentaire soit plus sacré que le texte? comment la parole des hommes a prévalu sur

la parole du Christ? comment enfin la créa-
ture se fait obéir avant le créateur ?

Osez nous montrer les ordres que vous
avez reçus de votre fondateur. Etes-vous,
comme lui, humbles, doux et pauvres ?
Souffrez-vous, comme lui, la persécution,
ou la faites-vous souffrir ? Obéissez-vous,
comme lui, aux moindres pouvoirs établis,
ou n'êtes-vous pas le pouvoir universel ?
Votre chef, comme lui, rend-il à César ce
qui est à César, ou n'est-il pas César? Votre
fondateur n'a voulu d'aucuns biens de la
terre ; il vous a ordonné de les mépriser,
comme lui, et vous avez possédé les richesses du monde, et vous les redemandez.

Ceux qui vous interrogent savent que
vous ne répondez qu'au tribunal de l'inquisition, mais la raison humaine est aussi un
tribunal, et plus élevé que le vôtre. Il se

8

fait représenter vos statuts, et vous y rap-
pelle. Mais vous n'êtes point encore prêts
à vous rendre à ses arrêts : votre trône est
trop haut pour en descendre ; vos armées
sont trop nombreuses pour être dissipées ;
et votre empire, quoique démembré par la
réforme, est encore trop vaste et trop puissant pour être renversé. Faites à ceux qui
vous attaquent la réponse d'un de vos souverains, le pape Paul III, à celui qui l'in-
terrogeait sur ses droits au pontificat et à
tant de principautés : *O homme de l'école
et ignorant de toutes choses, qui viens me
demander où sont nos droits à un empire
que, depuis tant d'années, nous possédons
malgré tout le monde, et que nous défen-
dons par le glaive* (1)! Continuez donc à le

---

(1) *O te, hominem scholasticum et omnium re-*

posséder , et comptez sur les efforts de la
France religieuse ; elle vous aidera à reconquérir vos possessions perdues ; elle vous
rendra la souveraineté du monde ; elle fera
redescendre jusqu'à notre âge les temps de
vos Alexandre , puisque l'histoire sacrée a
eu les siens , comme la profane ; temps de
la gloire de Rome où l'un de ces Alexandre,
lorsqu'il montait à cheval , se faisait pré-
senter l'étrier par les rois de France et d'Angleterre.

De tous les Etats qui composent la monarchie sacerdotale, la France est le plus
considérable par son étendue , et le plus
important par la partie superstitieuse de sa

---

*rum ignarum , qui imperii jus quæris quod jam à
tot annis contrà omnium vim possidemus , ac ferro
defendimus.*

population, par la prépondérance de son haut clergé, par le nombre et le dévouement de ses prêtres du second ordre, par la soumission de son ministère. Aussi c'est sur toutes les hauteurs de la France que sont arborés les étendards romains. Rome a voulu changer sa prépondérance politique en Europe, en une prépondérance religieuse, et elle y est parvenue. Non seulement elle agit sur la France, mais elle la fait agir sur l'Europe. Qui l'eût pu prédire, il y a quelques années, que la France en serait réduite à n'être qu'une puissance religieuse! Rome, sans doute, gravera sur ses marbres les noms de ces ministres à qui elle doit cette gloire, et à qui la France doit cette honte.

En ce moment, la plus redoutable activité règne dans toutes les dépendances de ce se-

cond empire romain , et le sein de la France
en est tout agité : mais ce vent de Rome
qui souffle sur l'Europe y porte des tem-
pêtes , et la France est menacée de la première et de la plus violente. Les mains qui
ont allumé l'incendie sont trop débiles pour
l'éteindre.

Les ministres se sont servis du clergé
comme instrument de leur politique ; le
clergé , à son tour, se sert d'eux comme instrumens de sa domination. Leur alliance
ne doit durer que jusqu'à la défaite des libertés publiques; leurs divisions doivent
commencer au partage du pouvoir ; mais la
lutte est trop inégale : les ministres n'a-
vaient pas mesuré sa force , et ils ont mé-
connu leur faiblesse. Ils ont emprunté la
massue d'Hercule et s'en sont blessés. Les
ministres ne pouvaient pas se faire une

France ministérielle, et le clergé a su se faire une France religieuse. Quelle dangereuse inégalité doit se trouver entre des ministres qui se sont séparés de toute opinion, et un clergé qui s'en est créé une. Pour lutter avec avantage contre des prêtres qui s'emparent de l'imagination, il fallait s'emparer des cœurs par des vertus et des bienfaits. Le duc de Richelieu n'aurait pas craint l'invasion des prêtres ; sa vertu réelle le défendait du masque, et il n'avait pas besoin d'en faire un instrument politique. On leur a livré le gouvernement de l'instruction publique, c'est leur avoir livré la clef et le secret de l'empire.

L'éducation de la jeunesse est la plus solide base de toute domination. Tacite la place entre les grands fondemens de l'empire romain. Napoléon en avait fait le fondement du sien. Abandonner la jeunesse française à la main des Jésuites, c'est vouloir faire une France théocratique et contraire à la monarchie, si elle-même un jour ne voulait plus l'être. Il est de la nature de l'autorité ecclésiastique de craindre et de haïr les rois (1). Les rois de France trouveront cette vérité dans leur histoire. Napoléon l'avait trouvée dans la sienne, car, aussitôt que son oncle fut fait cardinal, il se déclara contre lui.

C'est donc avoir trahi les intérêts des rois et les intérêts des peuples, que d'avoir livré l'éducation publique aux Jésuites, ou à ces prêtres qui en ont l'esprit, car ce n'est souvent qu'une subtilité trompeuse que d'en

---

(1) *Cæsares timere et odisse proprium esse Ecclesiæ.* (GUICHARDIN.)

faire la distinction. Quelle dissemblance y a-t-il entre les divers directeurs de ces établissemens? Rome envoie-t-elle des ordres différens au chef de l'Université et au chef de Saint-Acheul? La pompeuse réhabilitation des Jésuites à Rome n'est-elle pas un ordre formel à tous les prêtres catholiques, ou d'entrer dans cette milice, ou de favoriser sa domination si semblable à la leur? et en ce moment où tous les corps de l'Etat et tous les citoyens se soulèvent à leur apparition, quel membre de cette grande église gallicane a élevé la voix contre eux? Y a-t-il plus d'éloquence dans un panégyrique que dans ce silence? Autrefois les évêques et les curés en corps ont fulminé contre les Jésuites; aujourd'hui pas une plainte ne tombe sur eux. Loin de là, les chaires évangéliques retentissent de leur éloge. Autrefois aussi, le nom d'*ultramontain* n'a pas été moins odieux que celui de *révolutionnaire*; aujourd'hui, c'est une gloire de le porter, et un danger de s'en défendre. Est-ce Rome qui recule, ou la France?

Quelle dissidence apparente sépare les deux organes de Rome, qui se sont mis sur l'avant-scène politique. Le premier veut des moyens lents; le second, des moyens prompts. Mais, s'il y a deux marches, il n'y a point deux buts. L'un se proclame Jésuite, l'autre n'ose en prendre le nom, mais, dans l'Université, détruit tout ce qui ne l'est pas. La doctrine de l'un est d'aller à la violence par la violence; la doctrine de l'autre, plus conforme au caractère de prêtre, veut aller à la violence par la douceur (1).

_____

(1) *Leniter vim afferre.* (NAZIANZENUS.)

Il n'y a point de pays où l'hypocrisie ait
plus de succès que dans cette France crédule qui livre sa foi à tous ceux qui la lui
demandent, avec l'art de la demander; cette
France crédule oublie qu'*une feinte sainteté
est une double iniquité* (1). Rome ne peut
semer sur un sol plus fécond. Tout y germe;
et déjà ce sol, fertilisé par elle, est couvert
de couvens, de maisons religieuses, de sé-
minaires, de collèges jésuitiques, qui tous,
ainsi que les collèges universitaires, sont
dirigés par la même main, dans les mêmes
vues, pour un seul but, et d'où doit sortir,
selon l'espérance de ses maîtres, une jeunesse moins française que romaine.

La France étant saisie par sa base fonda-

_____

(1) *Simulata sanctitas est duplex iniquitas.*

(S. Augustin.)

mentale, l'édifice social semble menacé
d'un renversement presque inévitable ; mais
tel est l'invincible empire de la raison que la
plus grande partie de la jeunesse française
s'échappe d'elle-même des ténèbres dont on
veut l'envelopper. La lumière qui luit dans
la société porte ses reflets jusques au fond
des colléges, et une jeune et noble génération sortira saine et sauve de ces écueils de
la raison humaine.

Cependant deux générations s'élèvent à
côté l'une de l'autre, l'une dans le vrai,
l'autre dans le faux; l'une dans l'amour de
la raison, l'autre dans le zèle du fanatisme;
et des semences de discordes civiles sont
jetées sur le sol de la France, et la menacent de ces jours désastreux qui s'étaient
dissipés à la lueur du dernier siècle, et dont
le retour paraissait impossible. Toutes les

matières combustibles seront préparées ; il ne manquera plus qu'un Henri III ou un Charles IX ; et si la nature n'en fait pas, l'éducation jésuitique en saura bien faire. Il manque à la gloire de Rome une Saint-Barthélemy de philosophes, ou une *immolation*, selon le langage des royalistes.

Voilà l'œuvre des ministres ; ils ont créé et armé plusieurs partis ennemis ; la discorde est au sein des opinions, comme elle est au fond des cœurs, et elle serait bientôt sur les places publiques, si la France constitutionnelle ne dominait l'esprit de faction, et ne planait de sa hauteur sur tous ces nuages politiques.

Les ministres l'ont-ils voulu, ou se sont-ils trompés ? Il faut en juger par les principes qu'ils ont eux-mêmes posés. Ils l'ont voulu, car les ministres ne se trompent ja-

mais. Ils ont établi le dogme de l'infaillibi-
lité du gouvernement, il a passé de la religion dans la politique, et de Rome à Paris :
le gouvernement ne peut faillir, l'administration n'a jamais tort ; ainsi, l'injuste est
juste ; toutes les iniquités commises sont de
l'équité, par cela seul qu'elles sont commises. Le gouvernement ne doit jamais
condamner ses actions : dogme inepte, im-
moral, inhumain, et principe bien digne
de ses auteurs et de ses conséquences. Le
gouvernement ne peut faillir ! Charles V et
Henri IV faisaient l'aveu de leurs fautes
dans des ordonnances, et en publiaient au-
thentiquement la réparation : mais les ministres d'aujourd'hui valent bien les rois de
ce temps-là.

Il ne faut point chercher les secrets d'empire où ils ne sont plus. La situation nou-

velle des sociétés demandait une politique nouvelle. Gouverner une société régénérée avec les élémens d'une société qui a disparu, c'est attacher un corps mort à un corps vivant. Quand on est appelé à gouverner les hommes, il faut savoir embrasser tous les temps, et se placer dans celui où l'on est.

Le commerce et l'agriculture sont les deux forces motrices des empires modernes ; les anciens gouvernemens n'ont point assez connu leur influence : d'ailleurs, les grands l'auraient arrêtée, comme ils le firent au temps de Sully et de Colbert. On sait que rien n'était plus en mépris que ces deux grandes sources des richesses et de la force des nations ? Quelle idée avait-on, il y a cent ans, de ces deux influences sociales, et sans même aller si loin, comment en a

pensé M. de Montesquieu, ce publiciste qui
fait loi, mais qui a mis en défaut son génie
et son cœur dans cette maxime barbare :
*Il faut dans une monarchie que les lois
favorisent tout le commerce que la constitution de ce gouvernement peut donner,
afin que les sujets puissent, sans périr,
satisfaire aux besoins toujours renaissans
du prince et de sa cour* (1). Est-ce en France
ou à Siam que M. de Montesquieu a trouvé
cette maxime! Ainsi toutes les richesses du
commerce, les périls et les travaux des
hommes n'ont d'autre but *que les plaisirs
du prince et de sa cour!* et c'en est assez
pour les sujets *qu'ils ne périssent pas!*
Est-ce là écrire pour l'humanité? est-ce là
un *des titres du genre humain retrouvés*

---

(1) Esprit des Lois, t. v, ch. ix.

par M. de Montesquieu? Voilà d'un trait
l'ancienne monarchie, et les idées qu'elle
inspirait aux génies même les plus élevés.

L'ancienne politique n'a point mis au
nombre de ses élémens l'opinion générale
des peuples, ce grand régulateur des gouvernemens modernes. Elle n'existait pas :
chaque ville avait la sienne. Une opinion
morale et politique uniforme est un élément
nouveau, mais tellement puissant qu'il est
devenu nécessaire de lui coordonner tous
les autres. C'est le grand ressort de l'Angleterre, des Etats-d'Amérique, et aussi de
la France, malgré tous les efforts des ministres pour le briser. Il s'est formé du jour
où les constitutions des provinces furent
abolies, avec l'esprit partiel qui les mainte-
nait.

Des ministres, qui tournent bien plus leurs

regards vers la Bretagne et la Gascogne, que
vers la France et vers l'Europe, doivent croire
que les peuples sont toujours les mêmes , et
qu'on doit les gouverner par les mêmes ressorts politiques; c'est avec cette ignorance
qu'on les conduit dans des abîmes , et qu'on
y jette les gouvernemens. S'il est toujours
vrai que le fond des passions humaines soit
le même , il est également vrai que les causes
en sont bien différentes , et que les intérêts
des peuples changent sans cesse de face et
d'objet. L'ancienne France a eu la passion
des intérêts religieux ; la nouvelle a la passion des intérêts constitutionnels. L'ancienne
France se passionnait pour un Guise ou un
Montmorency ; la nouvelle ne tient compte
ni des noms , ni des hommes, et ne se pas-
sionne que pour les intérêts généraux. Quel
grand de la cour aujourd'hui pourrait en-

traîner un bataillon? quel évêque pourrait
soulever une paroisse? Ce n'est donc plus
dans la noblesse et le clergé que les rois
doivent chercher leur appui; ces deux grands
corps ne sont plus assez forts pour les défendre, et pour se préserver eux-mêmes de
tout danger : la nation, qui n'était autrefois que la force matérielle, est devenue la
force morale, et il y va de la sûreté des
rois de céder à la plus grande influence.
Ces deux partis peuvent bien jeter des per-
turbations dans l'État, mais ne peuvent le
changer. Les rois en ont eu la preuve dans
les malheurs de 1815 ; après avoir ébranlé
le trône par leur imprudence, ils ne purent
rien faire pour le sauver. Ils mirent à nu
leur vaine influence et leur incapacité. La
force des rois est désormais dans l'esprit
national ; ils ne la trouveront plus ailleurs.

A la réintégration des rois de France, ces deux partis, qui avaient été adhérens au trône, se croyaient encore dans la nature des choses, et devaient tendre à reconquérir leur puissance oubliée. Ces deux partis, si faibles à leur naissance, devenus prépondérans par leur développement favorisé, n'étaient rien devant le grand parti national qui s'était élevé sur leurs débris, qui voulait seul être l'appui du nouveau trône, et qui demandait aux rois de s'identifier avec lui. Prêts à se taire sous une volonté forte, ils jetèrent des clameurs sous une volonté faible; on pouvait d'un seul mot leur imposer silence, on le garda au contraire devant ces partis turbulens qui allèrent jusqu'à menacer le trône trop lent à leur rendre ses anciennes faveurs. Mais des temps meilleurs les attendaient.

C'est un principe politique des derniers rois de France, que la noblesse et le clergé sont les appuis naturels de leur trône. Chaque page de leur histoire est un démenti de ce principe, et il est bien étrange de le conserver, après les règnes de Louis XI, d'Henri IV et de Louis XIII. L'histoire, plus juste et moins prévenue, dépose que les rois de France ont régné, non par l'appui, mais sous l'orgueilleuse protection de ces deux grands corps. Elle dépose qu'ils ont mis le trône en danger, toutes les fois qu'il a voulu s'affranchir de leur joug, ou faire obstacle à leur ambition, et que les rois, menacés de leur colère et de leur puissance, cherchaient alors leur salut dans les bras de leurs peuples qui sont la force naturelle de tous les rois qui savent régner. Voilà ce que l'histoire dit; voilà ce que

chacun sait, excepté ceux qui sont le plus
intéressés à le savoir.

Les ministres élevés au pouvoir à la condition de le rendre à ces deux partis anti-
populaires, firent ligue avec eux contre le
grand parti national qu'ils séparèrent de la
royauté qui se trouve livrée à leur impuis-
sance, et qui, dans les jours de dangers, n'en
devrait attendre que des vœux inutiles.
Ces ministres, chargés d'exhumer l'ancienne
France, appelèrent les vieilles mœurs
contre les nouvelles lois ; firent la guerre
aux vérités et à la raison d'un siècle, avec
les préjugés, les erreurs et les prestiges d'un
autre, et intervertissant l'ordre naturel des
sociétés, prétendirent faire dominer le passé
sur le présent, les idées antiques sur les
idées nouvelles, la vieillesse d'une génération obscure sur la jeunesse d'une géné-

ration illustre , et ainsi composèrent une
monarchie bizarre, incohérente , mue par
des forces contraires , et formée de deux
peuples qui vivent avec contrainte et mo-
mentanément à côté l'un de l'autre, mais
dont l'amalgame est impossible, parce que
l'un est né dans la servitude, l'autre, dans
la liberté, et que tout joug est insupportable
aux cœurs élevés dans la liberté (1).

Des ministres habiles, saisissant la France
avec tous ses élémens nouveaux , trouvant
une nation retrempée dans les catastrophes
politiques, rajeunie par des institutions libérales, agrandie par une gloire militaire in-
comparable , se seraient bien gardés de

___

(1) *Servitutis jugum grave omnibus in libertate*
educatis. (Cic.)

décomposer une société toute faite , de remettre des démolitions à la place d'un édifice élevé; et loin de rappeler une génération mourante, pour la faire régner sur
une génération jeune et pleine de vie, ils auraient rattaché tous les rejetons de l'ancienne
aux branches de la nouvelle, et réunissant
ainsi tous les élémens de la plus grande
force nationale, auraient fondé la monarchie la plus redoutable et la plus majes-
tueuse du monde. C'est alors que se plaçant
en tête des gouvernemens constitutionnels,
protectrice des peuples qui le sont, ou des
peuples qui veulent l'être, la France eût
pris et conservé le premier rang dans le
monde politique, qu'elle eût fait descendre
la Russie de sa hauteur , et se fût élevée
à celle de l'Angleterre.

Voilà ce qu'auraient fait de grands minis-

tres ; mais les grands ministres sont aussi
rares que les grands rois, et ils ne se présen-
tent pas, quand les empires et les événemens
les demandent. Au lieu de cette France si
noble et si puissante, et qui aurait été si
digne du peuple français et de ses rois,
voyons ce que les ministres actuels ont fait
de ce grand royaume.

La France qui a subjugué toutes les nations guerrières du continent, a cessé de
peser dans la balance militaire et politique
de l'Europe ; à peine occupe-t-elle le troisième rang dans l'échelle des empires. Elle
réglait toutes les affaires du monde, elles se
traitent sans sa participation ; on ne l'ad-
met point dans les grandes combinaisons;
la part qu'on lui donne dans les conseils
n'est pas de besoin, elle n'est que de con-
venance ; toutes les puissances réunies ont

été vaincues par elle, une seule suffirait pour la vaincre. Des légions de lévites ont succédé à ses phalanges victorieuses; les tristes armées du Tibre ont remplacé les armées du Nil et du Niémen. L'Europe a vu la France en armes, et la voit en prières. *Que font maintenant mes généraux*, disait Napoléon dans son île? *Ils défilent devant des bedeaux et des porte-croix.*

Le mouvement que la France a imprimé au monde, continue pour le monde et s'arrête pour elle. Les talens et le génie qu'elle a mis en honneur dans l'Europe sont proscrits dans son sein. Les services, le mérite, l'honneur, les vertus ne sont plus des titres aux avantages de l'Etat : tous les moyens de fortune, de faveurs et de distinction sont réduits au seul esprit de servitude, qui est l'obéissance de l'ame abattue (1). Tout Français qui ne l'a pas ne doit prétendre à rien, comme celui qui l'a peut aspirer à tout. Cet esprit de servitude, en langue ministérielle, se nomme l'esprit monarchique, comme, dans la langue de l'Eglise, le fanatisme se nomme esprit religieux. Cet esprit de servitude est exigé dans tous les degrés des fonctions publiques ; il est échelonné des agens subalternes aux préfets, des préfets aux ministres, des ministres à la Cour. Mais chacun a sa part de servitude et sa part de despotisme. Ces ministres, qui donnent l'exemple d'une soumission orien-

---

(1) *Servitus est obedientia fracti animi et abjecti*. (Cic.)

tale, voient l'audace dans l'élévation, et le respect dans l'abaissement.

L'esprit militaire affaibli dans la France, a grandi dans l'Europe; des armées redoutables sont debout dans toutes les monarchies. La France ne peut avoir qu'une armée valeureuse, mais elle est incomplète, découragée, sans expérience. La première nation guerrière de l'Europe souffre avec impatience que la menace vienne du Nord, quand ce serait à elle à la porter dans le Nord, et ailleurs. Mais son armée, dont les aumôniers sont aujourd'hui les personnages les plus importans, mise en mouvement par de tels ministres, en serait bientôt réduite à la considération des armées de Louis XV, que Frédéric envoyait battre par ses généraux, ne leur faisant pas l'honneur de les battre en personne.

L'enseignement militaire, comme tout autre, subit l'influence ecclésiastique. Il semble que l'on forme des armées pour aller combattre les Philistins, ou reconquérir la Terre-Sainte.

La grande Université de France, qui, sous ses chefs savans et vertueux, semblait devoir achever la civilisation de la France et de l'Europe, est devenue la proie des Jésuites. Détruite dans ses illustres chefs, dans ses statuts, dans son but, dans son enseignement, elle a perdu sa considération dans l'Europe, et n'en a plus qu'à Rome. C'est de là qu'est parti l'ordre de comprimer l'élan du génie français, de s'opposer aux progrès des peuples, de ralentir la civilisation, et d'arrêter ce grand mouvement d'ascendance que la révolution a imprimé à tous les esprits. Jamais ordre ne fut mieux adressé et mieux exécuté. Enfin, l'Académie française elle-même, ce premier sanctuaire des lettres et des inspirations libérales, est un temple fermé. Ce fut une gloire d'y être admis ; on peut prendre à honneur d'en être rejeté.

Les arts, les sciences, l'agriculture, le commerce, ne vivent que de leur propre vie ; le gouvernement ministériel n'y ajoute aucun souffle. Loin de les animer, il pose sa main léthargique sur tout.

Pendant cette immobilité, les autres peuples doublent leur existence. Trois grands Etats s'emparent du commerce du globe. L'Angleterre, la Russie, les Etats-Unis, rivalisent d'activité et de génie pour cette immense conquête. Ils exploitent l'Europe, l'Amérique, l'Asie, l'Afrique même, nouveau Continent à découvrir ; ils parcourent toutes les plages éloignées et inconnues, s'établissent dans le vaste Archipel indien, ravissent aux peuples d'Asie leur propre commerce, et fondent le leur sur tous ces grands rivages, comme sur les côtes de l'Europe; et là France, seconde puissance maritime, exclue de ce grand concours, enchaînée sur ses rivages, bornée dans son commerce intérieur, et plus encore dans son commerce extérieur, fait à vil prix le trafic de ses denrées, et va se voir bientôt réduite au cabotage de ses côtes, et à être le témoin passif des prospérités du monde. Sur cent vaisseaux qui vont dans l'Inde, qui le croirait! on y voit un seul vaisseau français. Si les ministres envoyaient leurs agens dans les régions asiatiques, ce serait sans doute pour en rapporter les maximes orientales, plutôt que les richesses de l'Inde.

Pendant que les grands cabinets de l'Europe et de l'Amérique découvrent et font jaillir toutes les sources de la prospérité des empires, que les vrais hommes d'Etat des deux mondes hâtent le développement du génie des peuples, qu'ils fondent une législation nouvelle, plus digne des sociétés humaines, et qu'ils dirigent les pensées et les travaux des hommes vers les buts les plus généreux, vis-à-vis de ce grand spectacle, quelles sont les profondes conceptions des ministres de France?

Un ministre de l'intérieur met le grand secret de l'empire à bouleverser les fonctions et les fonctionnaires publics, à proscrire les savans et les gens de lettres, à défendre l'entrée des prisons au Consolateur de l'humanité, à ravir aux hommes leur propre conscience, à s'opposer aux établissemens d'industrie, préférant ôter l'existence à un citoyen, que de la donner à une province.

Un ministre de la justice qui ne comprend point le sacerdoce dont il est revêtu, n'ayant aucune idée du juste et de l'injuste, ne se rend célèbre que par des propositions de lois ridicules et barbares.

Un ministre de la guerre renvoie de l'armée tous les hommes expérimentés dans la guerre, et fait plus de bruit de ses dépenses en temps de paix, que Napoléon n'en faisait pour la conquête du monde.

Un ministre de l'extérieur place les ambassadeurs à la porte des cabinets sans pouvoir y faire entrer aucun ordre, et en reçoit de tous, pour l'humiliation de la France.

Un ministre des finances, de son aveu, étranger aux finances, fait consister tout le bonheur d'un empire dans l'immensité de son trésor, et voulant grossir le fisc aux dépens de la fortune publique, prétend traiter l'or comme ses fonctionnaires, et, veut le destituer de sa valeur.

Un ministre de l'instruction publique, écrasé par la sublimité de ses fonctions, et par le mérite même de son Université, travaille à former pour l'Eglise une génération qui ne doit être faite que pour l'Etat.

Un ministre de la marine est réduit à compter les vaisseaux de l'Angleterre, et rassure toutes les puissances maritimes par la liste des siens.

Un ministre de la police établit dans toute la France une enquête civile et religieuse, surveille la vie publique, espionne la vie privée, inscrit tous les citoyens au grand livre de l'inquisition, et des croix blanches

10

et des croix rouges sont, pour ainsi dire, marquées sur la porte des maisons, comme au temps de la Ligue. Une administration ombrageuse et tyrannique pèse sur toutes les classes de la société, glace les cœurs, irrite les esprits, décolore la royauté, et la détache de tout ce qui la fait aimer, fait naître par la persécution l'indifférence politique, comme la tyrannie de l'Eglise produit l'indifférence religieuse, et agite les citoyens qui ne demandaient qu'à se reposer au sein de la royauté.

Voilà la monarchie telle qu'elle est sortie du laboratoire des ministres, telle que la France ne devait point l'attendre sous ses princes naturels, telle qu'ils ne l'avaient point promise ; monarchie moins royale que ministérielle, et dont la marche et les principes sont loin d'être des gages de

sécurité pour les rois de France et pour
la France; car la sûreté des rois n'est point
dans la main de leurs ministres, mais dans
l'amour de leurs peuples : c'est là qu'elle réside ; c'est le cœur des peuples qui est la
force des rois (1).

Cependant, dans l'état de dégradation
où les ministres ont précipité la France, ils
prétendent lui donner une considération
qu'elle n'a plus ; au milieu des embarras
politiques de l'Europe, ils font souvent cou-
rir le vain bruit qu'un congrès de souverains ou de premiers ministres doit se tenir
à Paris. Cet honneur n'est ni pour eux, ni
pour la France. Les rois et les ministres de
l'Europe commettraient une étrange faute

_____

(1) *Firmissimum imperii munimentum est amor
subditorum.* (BES....)

politique de donner, sans nécessité, une telle importance à la France. On peut être assuré qu'ils ne la commettront pas ; ils se garderont bien de lui rien rendre de la prépondérance qu'on lui a fait perdre, et qu'ils ont acquise sur elle. Les villes diplomatiques sont Londres, Pétersbourg, Berlin, Vienne et Bruxelles. Paris, sous les ministres actuels, théâtre d'intrigues et foyer de factions domestiques, ne peut prétendre qu'à des congrès ecclésiastiques. Mais quoiqu'ils aient établi le siége de ces factions dans cette capitale constitutionnelle, c'est toujours dans son sein que réside la fortune de l'empire français, *comme la fortune de l'empire romain était censée résider dans Rome même* (1).

---

(1) *In ipsâ Româ fortuna imperii romani putabatur habitare.*

Appartient-il d'ailleurs à des ministres
qui ont semé les divisions dans la France,
d'être juges de celles de l'Europe? Préten-
dent-ils éteindre d'une main l'incendie qu'ils
ont allumé de l'autre? A quel titre se flat-
teraient-ils que les ministres de l'Europe
viendraient soumettre leurs intérêts à la politique la plus étroite qui ait été exposée au.
mépris des cabinets diplomatiques? Avant
d'obtenir de la considération dans l'Europe, il faut d'abord la mériter en France,
et ils n'en ont pas même dans les partis qu'ils
favorisent.

La France a vu jadis des souverains d'Europe soumettre leurs différends au jugement
de ses rois ; mais ce n'est point à de tels ministres qu'ils devront une telle gloire.

Ce n'est plus d'ailleurs par des congrès.
qu'on peut régler les affaires humaines ; les

peuples n'interviennent point dans les congrès des rois, et ils veulent aujourd'hui être admis dans leurs propres affaires. Les rois et les peuples doivent régler leurs intérêts en famille; il n'est plus question pour les rois de se partager la terre par arpens. Les peuples ne sont plus des immeubles : la royauté n'est plus une conquête; c'est un sacerdoce politique. La civilisation a tout rectifié dans le monde, et a révélé à chacun ses droits et ses devoirs ; c'est au souverain de chaque empire à consulter les besoins de cette civilisation : toute politique qui ne la prendra pas pour base, est fausse et pleine de dangers.

C'est précisément cette fausse politique qui fait le péril de la France. C'est parce que son gouvernement marche en sens contraire de la volonté générale et des progrès du siècle, qu'il n'est point assis sur des bases solides ; c'est parce qu'il traite la civilisation en fléau, qu'elle en sera un pour ceux qui lui font une guerre si imprudente.

Pour fonder une France heureuse au dedans, toute puissante au dehors, dira-t-on que les élémens ont manqué? elle les renferme tous. De quoi n'eût-elle pas été capable, si elle s'était sentie remuée par des mains habiles et généreuses! Dans les nobles sentimens qui naissent naturellement des grandes adversités, et d'adversités communes, elle eût bientôt oublié et fait oublier son divorce avec ses rois.

Les ministres n'avaient-ils à choisir d'autres moyens de gouvernement que de jeter la discorde entre les citoyens, entretenir les funestes passions politiques, et ne faire reconnaître le trône qu'à sa pesanteur? Ces

nouveaux hommes d'Etat, improvisés par
les factions, avaient-ils étudié le caractère
français qui s'est invariablement prononcé
dans les quarante années de nos guerres
civiles, et que le temps et d'autres événemens n'ont point démenti? Ils auraient appris, par leur trop mémorable histoire, que
toutes les fois que le gouvernement usait
de modération, il calmait aussitôt la fureur
des partis, et que leur irritation suivait toujours le degré de sa violence ; ils auraient
appris d'une si cruelle expérience que les
Français, sur tous les autres peuples, veulent être conduits par des sentimens généreux, et qu'une politique noble triomphe
aisément de toutes leurs résistances. Un
illustre témoin (1) de ces temps pleins de

_____

(1) M. de Thou.

deuil, a légué à tous les hommes d'Etat cette maxime admirable : *Les affaires des hommes ne peuvent s'arranger qu'avec la charité, l'humanité et la grandeur d'ame.* Vous entendez, ministres des conseils violens! (1) Si un gouvernement doit tout savoir, il ne doit pas tout poursuivre (2), et son avantage n'est point à perdre ses ennemis, mais à éteindre l'inimitié.

Pour faire une France royale, il ne fallait que la bienveillance royale. Le grand secret des empires est de s'occuper du bonheur des peuples : les passions populaires s'amortissent dans les vertus des rois. Il

---

(1) *Plerùmque enim civiles dissensiones mansuetudine et moderatione, multò faciliùs quàm severitate, sedari possunt.*

(2) *Omnia scire, non omnia persequi.* (Tac.)

régner par la justice et les bienfaits. La justice et la bonté abrégent la science politique. L'art de régner est la science de la
force et de l'injustice. Il annonce le danger
de celui qui règne. Henri IV ne savait point
l'art de régner; il a régné avec son cœur,
et il fut un grand roi. Son épée a vaincu
ses ennemis, mais c'est par son cœur qu'il
les a désarmés. Il n'a point péri par les Français; les jésuites ne sont ni Français, ni sujets; ils sont Romains partout.

Le roi des Pays-Bas n'a pas besoin de
l'art de régner : ses vertus populaires lui
suffisent; son trône est assis sur l'inébran-
lable fondement de la justice. Il n'a rien à
redouter de ses peuples, quoique divisés
de religion; mais le roi des Pays-Bas est un
roi qui a pris sa place dans l'humanité;

c'est un roi qui s'est fait homme, et c'est le propre des vertus humaines et bienveillantes de se concilier les esprits des hommes et d'exciter l'amour des peuples (1). Ce prince est du petit nombre de ces dignes rois qui préfèrent l'amour des hommes à leur adoration, et il ne se trompe pas dans cette préférence, car la crainte est le fond de l'adoration, et il n'y en a point dans l'amour. Puisse la noble maison d'Orange ne jamais démentir la source où elle a puisé ses maximes royales! Elle est venue chercher ses premières leçons de gouvernement sous la tente d'Henri IV et dans le cabinet de Co-

---

(1) *Est proprium virtutis conciliare sibi animos hominum. Vehementer amor multitudinis commovetur famâ omnium virtutum quæ pertinent ad mansuetudinem ac facilitatem.* (Cic.)

ligny ; puisse-t-elle conserver à jamais leur magnanime et consolante politique!

Napoléon avait besoin de l'art de régner, parce qu'il ne savait que se faire craindre, et que sa volonté était tout son gouvernement.

Il y avait sans doute quelque chose de mieux à faire en France que de se constituer en guerre avec les Français, que de dresser des bûchers pour des doctrines et des opinions qui, ordinairement, ne sont que des manières diverses de comprendre le bonheur public. Quelle noble carrière était ouverte à des ministres qui auraient eu l'amour de l'humanité et la science de son bonheur ! Sans doute la mission de travailler au bien des hommes a ses difficultés et ses dangers; qui le sait mieux que nous, qui n'écrivons que pour la vertu et pour l'hu-

manité, et qui sommes jetés dans les arènes.
Mais cette science, si périlleuse pour l'homme
isolé, est bien facile à l'homme revêtu de
puissance, surtout avec cette pente naturelle qu'ont tous les hommes à se ranger
sous un pouvoir protecteur.

Les bienfaits des hommes d'Etat consis-
tent principalement dans l'amélioration des
lois. La législation ne peut avoir des principes invariables ; il est juste qu'elle se plie
aux nouvelles situations des sociétés (1),
pour être toujours en harmonie avec les
mœurs publiques et les intérêts des hommes.
Il y a toujours des perfections à ajouter à un
code civil, et des changemens à faire à un
code criminel. Les réformateurs sont plus

---

(1) *Leges ad præsentem statum conformandæ
sunt.* (ARISTOTE.)

chers aux peuples que les législateurs. Comment les ministres n'ont-ils pas encore proposé la réforme de ce barbare Code militaire, dont la législation féroce comprend tout le Code odieux de Dracon, qui voulait que les moindres fautes fussent punies de mort? Si l'honneur royal leur était si cher, souffriraient-ils que les lois des rois de France pussent être comparées à cette sanglante législation d'Athènes?

Comment encore ne sont-ils pas entrés dans les convenances de la civilisation nouvelle, en provoquant l'abolition de ces étranges lois, restes d'une législation sauvage, qui frappent les écrivains de la philosophie et de la politique, et font asseoir sur les bancs des criminels, des accusés aussi estimables que leurs juges, et souvent plus honorables que leurs accusateurs! Les

lois contre les écrivains sont frappées d'i-
nertie. La société n'accepte point leurs con-
damnations ; loin qu'ils en soient flétris, elle
les venge par un plus grand intérêt et par
une plus haute renommée. C'est une législation détruite dans les mœurs ; les condam-
nations des écrivains ne sont considérées
que comme les décrets de l'ancienne Rome
contre les philosophes ; et il est fâcheux,
à l'honneur de la magistrature française,
qu'elle soit chargée de cette proscription.
A cet égard, comme sous tant d'autres rap-
ports, nous gémissons encore sous la tyrannie des lois romaines, et la France est encore la Gaule.

Mais à qui s'adressent les invocations de
la France ! à des hommes qui n'ont signalé
leur ministère que par la résurrection des
lois prises dans l'ignorance et la barbarie

des siècles écoulés , qui, par leurs propositions législatives, ne rappellent la monarchie que par ce qu'elle avait d'odieux ; qui,
se faisant étrangers aux temps et aux lieux
où ils sont, ne se montrent dans le dix-neu-
vième siècle qu'avec les vêtemens du dou-
zième.

Bien loin de provoquer des lois favorables
à l'esprit humain et convenables à sa dignité, ils sont prêts à mettre la raison publique en servitude, en étouffant ses organes.
Jusqu'ici, selon la politique d'Auguste et de
Tibère, ils laissent la liberté de parler, pour
que l'Etat paraisse encore libre (1). Mais la
parole est une arme si puissante qu'il est de

***

(1) *Augustus et Tiberius summam linguæ liber-
tatem permiserunt, ut respublica adhuc libera
esse videretur.*   (P. Matthieu in Sejano.)

l'intérêt de tout pouvoir injuste de la briser.
La parole est le sceptre du monde. C'est la
parole qui a gouverné les républiques de
Rome et de la Grèce; c'est la parole qui a
fondé le christianisme; la Réforme s'est faite
par la parole; elle a détruit deux fois le
culte des idoles; c'est elle qui a créé les
gouvernemens constitutionnels; elle inquiète
et importune les rois; elle fait trembler leurs
ministres; la voix de Rome enfin s'élève
contre la parole du siècle; c'en est trop : la
parole, qui a tout créé, sera détruite, si
pourtant elle peut l'être. Le temps est venu
d'oser; elle sera frappée du glaive ministériel. Il faut de l'éclat à la liberté, et du silence à la servitude.

Mais tant que la parole pourra se faire entendre, elle pénétrera, comme l'air, dans
les palais des rois; elle y portera les prières

11

ou les plaintes de l'humanité; elle interrogera la puissance chargée de ses intérêts; elle la rappellera à ses devoirs, car sur le trône tout est devoir, tout est fardeau pour les rois; ce n'est point la gloire, c'est le poids du monde qui est tombé sur leur tête. Les rois ne le savaient pas : ils l'ont malheureusement appris par la colère des peuples. La vérité n'allait point jusqu'à eux; elle n'avait point d'organe. M. de Fénélon qui possédait tant de vérités, n'osait s'élever contre le despotisme et les iniquités de son siècle; il les enveloppait dans des allégories; ou s'il voulait prendre un chemin plus direct, il empruntait la voix des courtisannes. Telle a été la condition des sages de notre époque, qu'ils en étaient réduits à faire passer la sagesse par des voies indignes d'elle. M. de Fénélon écrivait à madame de Maintenon : *Il*

faut faire obséder le roi par des gens sûrs
qui agissent de concert avec vous, pour lui
faire accomplir, dans leur vraie étendue,
ses devoirs dont il n'a aucune idée. Comment faut-il qualifier un roi qui n'a *aucune*
idée de ses devoirs?

Les rois de nos jours ont cet immense
avantage qu'ils sont instruits par la voix
publique des vœux et des besoins des peuples, et qu'ils sont avertis que désormais
toute harmonie sociale dépend de l'accomplissement des devoirs réciproques de ceux
qui commandent et de ceux qui obéissent.
De quelque côté qu'on s'en affranchisse,
l'Etat tombera dans le désordre.

Mais plus les devoirs des rois sont rigoureux, plus la responsabilité de leurs ministres est menaçante. Les rois devraient choisir
des ministres dont le cœur soit une source

de sentimens généreux, et dont le génie soit fécond en moyens de prospérités publiques. Ils devraient peser leur choix, comme on jette les fondemens d'un empire. La monarchie qui a été la plus remplie de ministres, est sans contredit la monarchie française; ils sont choisis légèrement, ils se succèdent rapidement. La plupart n'étant que des hommes médiocres, la nation les rejette, dès qu'elle en a sondé le fond. Quelques mois suffisent pour user des hommes vulgaires; l'obstination à les maintenir change souvent le mépris public en irritation, et l'on peut mettre au nombre des dangers politiques, quand des ministres plaisent aux rois et déplaisent aux peuples : le règne de Louis XIII en fait foi, et la preuve se continue sous la minorité de Louis XIV.

L'autorité n'est point donnée aux minisnistres, pour qu'ils aient une supériorité sur les hommes, mais pour qu'ils aient les moyens de faire leur bonheur. Cependant il n'est que trop ordinaire de voir la puissance du bien avec le génie du mal : les ministres de France considèrent les peuples comme des propriétés royales, et eux, comme en ayant l'exploitation. Il n'est point de pire fléau que le pouvoir tombé dans des mains communes, comme il n'est point de plus grand bonheur pour l'humanité, que le pouvoir tombé dans des mains nobles et bienveillantes ; c'est un faible honneur d'être assis dans le fauteuil de Sully, quand on n'a ni son cœur, ni sa tête.

Aujourd'hui que les affaires politiques sont à jour, les fonctions ministérielles n'exigent pas moins de loyauté que d'habileté. Quelle profonde étude ne demande pas l'état actuel et futur des sociétés! le génie et la force de l'homme réunissent leur puissance, pour en obtenir des résultats inconnus et incalculables. Le monde moral se développe de toute part, et semble vouloir connaître le dernier degré de sa capacité; le monde physique s'exploite en tout sens, et semble devoir atteindre le dernier terme de sa fécondité; mais quelque génie qu'aient les peuples, ils ont besoin d'être secondés par leurs gouvernemens; c'est aux gouvernemens à leur faciliter toutes les voies de l'industrie, à élargir les sources qu'il découvrent, à ouvrir des débouchés aux produits du commerce et de l'agriculture. Les nécessités des peuples deviennent plus pressantes; les populations s'aglomèrent, les besoins se multiplient; une suspension dans le travail des hommes, un obstacle dans les

consommations, un fléau dans l'agriculture,
tout est grave avec ces masses de peuples
qui vivent du jour et qui n'ont pas de len-
demain. Tout malheur général peut se changer en tempête politique (1).

Au milieu de ces vastes et inquiétantes
populations, toute langueur peut devenir
funeste ; toute inertie est dangereuse et
tout membre inerte est coupable. Il faut
que tout soit travail et mouvement dans
un empire : la richesse est dans le mouvement, la pauvreté dans l'inaction. Il faut
que ce mouvement parcoure toute l'échelle
de la société, et que les classes supérieures
y président. Y présider, c'est y participer.
L'aristocratie d'Angleterre est en tête de

---

(1) *Cavendum est ne plebs penuriâ laboret, neve
cogatur opem petere.* (Arist...)

tout, protége et dirige tout. L'ancienne aristocratie de France dédaigne tout, et n'est
présente à rien. Elle devrait être enfin lasse
et honteuse de son rôle de parade. Croit-
elle que le monde ne s'agite que pour la mettre en spectacle? La société ne comporte plus
rien d'inutile. Tout membre du corps social
doit entrer dans l'utilité commune, et lui
doit compte de ses moyens et de ses efforts. C'est aux gouvernemens à imprimer
à la société ce mouvement général, à l'a-
nimer au dedans, à le répandre au dehors,
et à féconder par tous les moyens le génie
commercial et agricole, le seul aujourd'hui
qui puisse sauver les sociétés.

La France est encore bien loin de ce dé-
ploiement de force et de richesses que lui
donnerait si facilement un gouvernement
habile. La France, sous de nombreux rap-

ports, est encore dans un état informe. Les gouvernemens ont plus tôt fait de cacher les plaies de l'Etat que de les guérir ; ils n'en montrent que les parties saines. Mais il ne faut point se laisser éblouir par la pompe du langage administratif, quand des ministres qui se trompent, ou qui veulent tromper, viennent faire à la tribune publique le tableau infidèle des prospérités de la France. C'est le propre du gouvernement français d'avoir le luxe des mots et la misère des choses. L'Angleterre a l'éloquence des faits, la France celle des paroles.

C'est une chose plus digne de curiosité que d'attention, que d'entendre le rapport annuel de l'administration de France sur l'état du commerce et de l'agriculture, sur les routes et sur les canaux. Elle parle de vingt canaux et de cent lieues canalisées

avec plus de pompe que l'Angleterre ne
parle de ses cent canaux et de ses mille
lieues navigables. Toute la masse des travaux de France serait renfermée dans un
comté d'Angleterre : mais l'Angleterre est
régie par d'autres principes d'administration ; elle serait encore à son point de dé-
part avec les élémens de la nôtre.

Mais où l'emphase ministérielle s'élève
avec plus de complaisance, c'est dans le bril-
lant tableau de l'agriculture. La France,
sans doute , possède plusieurs contrées
agricoles tout-à-fait florissantes , mais aussi
elle a de grands territoires incultes, de
vastes marais, des landes immenses, de
nombreuses montagnes nues dépouillées de
leurs forêts, et, enfin, la plupart de ses
provinces ont encore leur agriculture en
jachères. La culture en jachères annonce

que l'agriculture est encore dans son enfance ; elle témoigne du manque d'hommes et de bestiaux ; elle est la preuve que les productions du sol n'ont point assez d'écoulement, et qu'elles sont à peine au niveau des besoins de la population. Il n'y a point de richesses dans de telles contrées ; une mauvaise récolte les ruine. Cette magnifique peinture de nos prospérités agricoles doit bien étonner l'Angleterre et la Belgique qui n'ont point de jachères, et dont la florissante agriculture pourrait à plus juste titre se servir de nos déclamations.

Quand trois départemens sont en culture de jachères, il y a un département en friche qui ne produit rien, et qui ne paie point d'impositions. En faisant le calcul de tous les départemens qui ont cette culture, il est facile de voir de combien de richesses

l'Etat et la société sont privés. Il n'y a point
là matière à faire un si long récit de nos
merveilles territoriales. Il est vrai qu'il y a
quarante mille propriétaires dans la fortune
ou dans l'aisance ; il faut en faire bruit;
mais il y a vingt millions d'hommes dans la
misère, et, sans doute, ce n'est pas la peine
d'en parler. Ceux qui connaissent la pauvreté des campagnes et la détresse des
villes, savent qu'il y a en France vingt
millions d'hommes mal nourris et mal vê-
tus ; et nous dirons au gouvernement qu'il
est de son devoir de leur procurer les
moyens de se nourrir et de se vêtir ; nous
le disons à tous ceux qui ont l'honneur de
présider aux affaires des hommes. On peut
bien l'oublier dans un banquet ministériel,
mais il faut s'en souvenir à la tribune politique. Ce sont des lois pour l'humanité

souffrante que la justice demande, et non des lois barbares de sacrilége ; ce sont des bienfaits universels que la société réclame, et non des indemnités privilégiées. Les malheurs de l'aristocratie ne sont pas plus sacrés que les malheurs du peuple. Il y va du repos des gouvernemens de ne point livrer les masses aux besoins de la vie, car les besoins conseillent tout.

Ce sont ces besoins qu'il faut étudier, ce sont ces masses dont il faut s'occuper, et non point à compter les individus par tête, pour savoir si les citoyens sont libéraux ou royalistes, jésuites ou gallicans, ministériels ou opposans : ce sont là pourtant les graves et principales sollicitudes des ministres de France, en présence des grands mouvemens du monde, des besoins et des intérêts des nombreuses populations,

à côté de l'Angleterre, dont le gouvernement n'embrasse que des intérêts généraux
et ne s'occupe qu'à développer toutes les
ressources de son génie et de son sol.
Qu'on livre la France à l'administration an-
glaise, et l'on verra ce qu'elle sera dans
quarante ans.

L'ingénieuse Angleterre voit son généreux gouvernement animer tous ses citoyens
dans la recherche des choses utiles, et féconder lui-même tout le génie qu'elle renferme. La France emploie une partie de ses
forces, de son génie et de son temps à combattre l'ignorance et les résistances de son
administration ; la France connaît toute sa
puissance ; elle sait tout ce que son sein
renferme de trésors, tout ce que la nature
a fait pour elle, tout ce que son génie peut
créer, tout ce que son ardeur peut exécu-

ter ; elle n'ignore ni ses ressources , ni ses
forces ; mais elle le sait en vain, si son gouvernement ne le sait pas , ou feint de ne
pas le savoir.

C'est un des phénomènes les plus remarquables de l'histoire des peuples que l'exemple si voisin des prospérités de l'Angleterre
n'ait aucune influence sur le gouvernement
de France, que le grand mouvement de ce
peuple opulent ne lui en imprime aucun ,
ne puisse le faire sortir de son immobilité ,
et qu'il ne veuille pas transplanter sur notre
sol cette noble science des prospérités sociales si **bien** mise en pratique sur un sol
qui le touche.

Mais le gouvernement d'Angleterre, qui
a le sentiment et l'amour du bien public,
a un système de développement qui est le
ressort de sa politique, et le gouvernement

de France a un système de rétrécissement,
qui est le secret de la sienne. La différence
de politique et de religion des deux peuples
mettra long-temps entre eux une immense
distance et assure au peuple anglais une
constante supériorité ; il n'a nul besoin de
s'armer contre les grandeurs de la France :
la politique française les abaissera plus qu'il
ne le pourrait espérer de ses efforts et des
efforts des autres peuples. Les mauvais ministres d'un Etat sont les meilleurs pour les
Etats rivaux, qui n'ont d'autres soins à
prendre que de les laisser faire. M. Canning
peut voguer et dormir sur son vaisseau. Il
ne rencontrera la France ni dans l'Europe,
ni sur les rivages africains, ni dans l'Inde
asiatique, ni dans l'Inde américaine. La
France est trop occupée chez elle pour en
sortir: elle a bien mieux à faire : elle a des

libéraux à combattre, des royalistes à satisfaire, des couvens à établir, des prêtres à doter, des fonctionnaires à destituer,
des élections à diriger, tout un sénat à gouverner; n'en est-ce point assez pour la capacité des ministres de France?

La politique et la religion de la France sont
d'éternels sujets de discussions inquiètes et
animées et une source d'agitations inévita-
bles : la politique, parce qu'elle n'y est pas
sincère, qu'elle n'embrasse point un système
national, et qu'elle n'est combinée que dans
des intérêts de factions; la religion, aussi
parce qu'elle n'y est point sincère, et qu'elle
y est un prétexte aux ambitions les plus
dangereuses. La partie gouvernée, n'ayant
aucune harmonie avec la partie qui gou-
verne, il est nécessaire qu'il y ait méfiance
des deux parts, et c'est beaucoup qu'il n'y

12

ait point hostilité. La France ne peut se reposer entre deux factions qui profiteraient
de son repos pour l'asservir. Sa constitution
ne la garantit point, puisqu'elle n'a pu la
préserver de l'invasion de la cour et du
clergé, qui ne sont point des élémens de
l'Etat, et qui sont devenus tout l'Etat.

Dans sa juste inquiétude, la France cherche un point fixe qu'elle ne trouve pas, que
la charte ne lui a pas donné, que sa sûreté
réclame, qu'elle demande au génie de ses
citoyens, et que le temps seul et la force
des choses lui révéleront.

Une constitution est un traité de limites
entre tous les pouvoirs : les limites sont
rompues. Le pouvoir populaire qui, en vérité fondamentale, est la source de tous les
autres, est anéanti; s'il a son nom dans la
charte, il n'a point de vie dans la France ; et

du jour de sa destruction, les ministres n'ont plus gouverné que dans l'intérêt des pouvoirs qui l'ont vaincu, et qui se sont agrandis de sa perte : ainsi les citoyens n'ont plus les garanties qu'ils trouvaient dans le pouvoir populaire ; leur inquiétude est fondée ; leur méfiance est justifiée ; ils savent qu'on leur a enlevé les réalités, et qu'on ne leur a laissé que le nom et l'ombre, car c'est une maxime de tyrannie qu'il *faut gouverner le peuple avec des ombres et des simulacres* (1).

Mais le pouvoir populaire n'existant pas et voulant exister et pouvant encore rassembler tous les élémens de son existence, il faut s'attendre aux prodigieux efforts qu'il fera, pour reprendre sa place dans le mou-

(1) *Per imagines et simulacra tractandus est populus.*

vement, et sa part dans les honneurs de l'empire ; mais les efforts des peuples sont des dangers ; et c'est parce que les peuples ont été frustrés des avantages qui leur sont dûs, que l'histoire est si pleine de dissentions et de guerres civiles (1). La servitude que les rois appellent la paix, est une paix qui produit la guerre, car les vrais maux sortent des faux biens.

Il ne faut donc pas s'étonner que le peuple français soit frappé d'une crainte générale qui se fait remarquer dans tous les corps de l'Etat, au sein de tous les pouvoirs,

------

(1) *Maximum periculum est à plebe quæ, si ab imperio remota est, infensissima est reipublicæ.*

Hinc in omnibus historiis tot dissensiones ac bella civilia apud omnes ferè gentes, cùm plebs ab honoribus excluderetur. (ARIST...)

dans tous les rangs de la société. Un pres-
sentiment d'un avenir nébuleux se mêle à
la contemplation d'un présent fugitif. Rien
n'est assuré ; rien n'est fondé ; la durée
n'est point attachée à l'existence. La monarchie a été confiée à des mains qui, au lieu
de nous couvrir du sceptre protecteur des
rois, ne nous en ont montré que le glaive; ils
ont imprimé des traits de vétusté à cette
monarchie constitutionnelle naissante , en
lui rendant des rides qui étaient effacées. On
a vu de sages rois rajeunir une vieille monarchie avec des institutions nouvelles ,
comme on l'a fait en Angleterre, comme on
le souhaite dans l'empire de Russie, comme
on l'espère en Prusse, comme on le voit en
Portugal ; c'est la marche de la droite raison, et de la saine politique ; mais vieillir
une monarchie naissante, par le rappel d'an-

ciennes mœurs et d'anciennes institutions,
de telles conceptions appartenaient de droit
à des ministres de France, et ne pourraient
être revendiquées que par des ministres
d'Autriche. Nous savions qu'il y a des
peuples sauvages qui adorent l'Orient; mais
ils nous ont montré en eux des espèces de
barbares qui adorent l'Occident.

Cependant, si vous accusez ces hommes
d'État, si vous les forcez à se justifier, ils
vous répondront, comme ils l'ont déjà fait,
qu'ils ont étouffé et puni les conspirations,
et que, sous leur consulat, l'empire n'en a
été ni menacé, ni inquiété. Certes, c'est mal
connaître l'esprit politique des sociétés, et
c'est s'abuser étrangement que de prendre
leur inaction pour de l'abattement, et leur
silence pour de l'approbation. Il n'y a point
de complot partiel, quand il y a complot

général; la plus dangereuse de toutes les conjurations est celle de l'opinion publique; personne ne conspire à part, quand la société entière conspire, et enveloppe dans ses fins les conspirations partielles. Il y a en effet de quoi s'applaudir d'avoir éteint quelques complots d'individus, et d'avoir produit une conjuration universelle!

Ce n'est point sans doute contre la royauté que l'opinion conspire; c'est contre le gouvernement ministériel, et contre tous les élémens anti-constitutionnels introduits par lui dans la nouvelle monarchie. Le règne le plus signalé par ses nombreuses conjurations, est le règne de Louis XIII. Toutes furent dirigées contre le ministère, aucune contre le roi.

La science des hommes d'Etat n'est pas de comprimer l'esprit national, mais de le changer, et de le former dans l'intérêt du gouvernement. L'opprimer est l'œuvre facile de la violence, s'en emparer est l'œuvre de l'habileté. Qu'ils nous disent si la France de leur ministère est plus royale que la France de la restauration; si l'esprit monarchique a aujourd'hui la force qu'il avait alors ! Et lorsqu'en novembre 1825, un écrivain célèbre jeta un cri d'alarme au milieu de la France inquiète et de l'Europe attentive, et que le mot de république alla frapper l'oreille des rois, eût-il jeté ce cri, avant que les ministres n'eussent fait germer l'esprit républicain ? que ces mêmes ministres, qui trompent si hardiment les rois sur les dispositions des peuples, leur traduisent en langue monarchique ce qui s'est passé à la mort du général Foy; et qu'ils leur disent si c'est l'esprit royal qui a

rassemblé sur la tombe de ce grand citoyen
cette multitude extraordinaire et imposante
de Français et d'étrangers de tout rang dont
le deuil a immortalisé la journée de ses fu-
nérailles! Quel prince vivant pourrait se
flatter d'un si glorieux concours de peuple!
Il y a aujourd'hui des gloires si élevées que'
celle des rois doit prendre garde d'en être
obscurcie.

L'Europe, voyant la France inquiète, n'est
pas rentrée dans son calme; il semble que
désormais elle ne peut être heureuse et tran-
quille, si la France ne l'est pas; elle observe
l'attitude de ce grand peuple; elle compte
les jours de son repos et peut-être de sa patience. La voyant conduite par une politique
si funeste, elle en craint pour elle-même les
prochaines conséquences. Les grands souverains de l'Europe, s'étant déclarés contre

la civilisation nouvelle et les progrès de la
raison humaine, cette imprudence augmente
l'inquiétude et l'agitation générale, et l'on
doit considérer les pressentimens universels
comme des événemens écrits.

Cette tourmente des affaires politiques a
passé dans les affaires financières et com-
merciales. Personne n'ayant d'avenir, on
s'arrête aux nécessités du présent. On ne
confie plus ses espérances et sa fortune au
temps dont on ne peut plus régler ni prévoir
la marche. Dans cet ébranlement général
des sociétés, dans l'incertitude de leurs destinées futures , aucun peuple ne prend de
confiance et n'en donne. Les peuples ne se
reposent plus dans leurs gouvernemens :
leurs destinées sont séparées ; leur cause
n'est plus la même ; l'obéissance et le commandement ne s'entendent plus ; ce qui

arrive, quand l'obéissance se sépare de
' l'amour (1). Tout le monde voit que l'avenir
est plein ; on ne sait ce qu'il renferme. Le
désir et l'appréhension qui précèdent des
événemens inconnus et attendus, suspendent
la confiance des peuples, leur commandent
une prudence nécessairement nuisible ; et
cependant les peuples n'eurent jamais tant
d'intérêt de s'unir et de s'entendre. Ce mal-
aise qui se fait sentir dans toutes les contrées de l'Europe, provient de l'état pré-
caire de la France. Le peuple Français, en
le séparant de ceux qui le gouvernent,
donne encore des lois à l'Europe, non plus
par les armes, mais par l'ascendant dé son
génie, par le souvenir de ce qu'il a fait, par

---

(1) *Amor et obedientia fratres sunt germani.*

l'attente de ce qu'il peut faire. Son gouvernement n'a point de poids dans l'Europe,
mais, comme peuple, il n'a rien perdu du
sien. Les factions qui se sont emparées du
pouvoir, se nomment la France; mais elles
n'ont rien de commun avec elle, et l'Europe
n'a garde de les confondre. La vraie France
est la France constitutionnelle, savante, in-
dustrielle, commerciale, agricole; c'est là où
est le nombre, la force, le génie; c'est de là que
sort cette puissance d'opinion qu'elle exerce
sur tous les peuples intelligens, depuis Pétersbourg jusqu'à cette Rome si fatale à la
gloire de l'esprit humain.

L'Europe est agitée de tous les mouvemens de la France; elle entend ses murmures qui réveillent les siens. Si elle veut
savoir s'il y aura chez elle calme ou tempête,
elle regarde l'horizon de la France; elle a

l'oreille fixée sur sa tribune; elle écoute ses
orateurs ; elle lit ses écrivains; elle saisit
tout ce qui est créé par le génie français ;
et il semble, à un intérêt si vif et si pressant,
qu'un jour il doit y avoir alliance entre ses
destinées et les siennes. Sans doute, il est
impossible au génie le plus avancé dans l'avenir, de prédire les événemens fortuits de
l'Europe, soit qu'ils dépendent de la mort
des rois, des insurrections provoquées, des
imprudences des gouvernemens, des témé-
rités des factions, ou de causes surnatu-
relles; mais le monde a un caractère qui
domine tous ces événemens, et c'est par ce
caractère qu'il faut juger de l'avenir, et
qu'on peut le prévoir.

La tribune de France et la tribune d'Angleterre sont les deux hautes voix qui parlent aux peuples de l'Europe; mais la France

constitutionnelle , avec ses maximes politiques plus simples, plus vraies, moins aristocratiques, avec ses meilleurs principes de
justice distributive, se fait mieux écouter
que l'Angleterre. Elle inspire plus de confiance aux peuples par l'intérêt qu'elle prend
à leur bonheur et à leur dignité ; elle n'est
point exclusive comme l'Angleterre qui se
concentre trop dans son intérêt patriotique
et personnel, et qui semble trop peu touchée
du honheur ou du malheur des autres nations, qu'elle ne considère que comme des
sources de ses richesses, ou des instrumens
de sa grandeur. Cet égoïsme n'est déjà
plus dans les mœurs européennes. L'Europe
s'en plaint, et il est au moins fâcheux de
faire murmurer l'Europe; mais la noble conduite de l'Angleterre envers le Portugal a
commencé la réparation de cette faute.

Les mœurs de la France répondent mieux aux besoins et au cœur des peuples. Sa pitié généreuse envers la Grèce ; cet élan magnanime qui est sorti de son sein, et qu'elle a communiqué à tous les cœurs européens, est un éclatant témoignage de son intérêt au bonheur de tous les peuples : aussi c'est vers son ciel qu'ils portent leurs regards ; c'est la nation française qu'ils interrogent et qu'ils écoutent. Ils y viennent chercher la sagesse politique, comme les Grecs allèrent la chercher en Egypte, les Romains dans la Grèce, et les autres peuples à Rome. La parole nationale de la France, comme une étincelle électrique, parcourt toutes les lignes, pénètre dans tous les enfoncemens de l'Europe. Il semble que les débats de sa chambre élective soient sa propre querelle ; mais ce n'est point sur sa majorité artificielle qu'elle arrête son attention; elle sait que cette majorité ne représente que des intérêts privés; c'est sur sa courageuse minorité qui représente les intérêts généraux, et qui est en effet la majorité nationale. C'est dans ces débris de la phalange constitutionnelle qu'on trouve le savoir et l'indépendance, l'amour du bien public et la défense des droits de l'humanité, et ce noble courage qui s'efforce de sauver la France du danger de ces sénats formés par le pouvoir, où la partie plus grande triomphe de la partie meilleure (1).

Ce que les hommes honorent le plus en leurs semblables, c'est un caractère de noblesse et d'indépendance, supérieur aux craintes et aux espérances, aux promesses

---

(1) *Pars major partem meliorem vincit.*

et aux menaces. Ce caractère étant trop rare dans les hommes de qui on devrait l'attendre, il faut le chercher ailleurs; on ne le rencontre point sous les portiques des temples ministériels; tout ce qui y entre s'abaisse. Tout est poussière dans les cours et sous les pieds des ministres. Tout ce qui respire dans cette atmosphère, fait son bonheur de la faveur, fait son malheur de la disgrace. C'est donc à tous les nobles cœurs, dans quelque rang de la société qu'ils se trouvent, qu'il faut faire un appel à la défense des libertés sociales ; puisque leurs protecteurs ne sont point dans le sein du gouvernement, il faut les prendre en dehors; c'est donc à ces esprits généreux que sont confiés les hauts intérêts des hommes ; c'est à eux à élever la voix, à former une nouvelle croisade contre les nouveaux Sarrasins, et

13

comme sentinelles avancées des nations civilisées , sans tenir compte des proscriptions
qui les attendent, c'est leur noble tâche de
signaler les dangers que court la civilisation,
de combattre des ministres conjurés contre
elle , de sauver la royauté qui se perdrait
par le despotisme, de préserver la religion
qui se perd par le fanatisme, de défendre la
vertu qui se perd par l'hypocrisie.

C'est aux grands orateurs, c'est aux grands
écrivains à s'armer de la toute-puissance de
la parole. La parole est le glaive de la raison ; la parole qui se fait entendre au nom
de la justice et de la vérité, ne peut manquer
sa victoire sur le mensonge , l'injustice et
la force. C'est du génie français que l'Europe attend ces merveilles ; elle en a le pres-
sentiment et l'espérance.

Les ministres de France en sont aussi

avertis par leur instinct; car ce n'est pas leur génie qui les fait pénétrer si loin. Ils sont les premiers obstacles à renverser; c'est la première victoire à remporter; elle est sans gloire, il est vrai; mais elle ne sera pas sans bonheur. Ce bonheur n'est pas encore près de nous, car quels que soient l'incapacité de ces ministres et le danger de les conserver, quelque malheur que nous voulions éviter à la France, et quelques regrets que nous voulions épargner à ses rois, la France en sera encore long-temps réduite à faire des vœux pour ses rois et pour elle. La nation entière appelle des conseillers plus justes, plus vertueux et plus capables; elle demande à haute voix l'expulsion de ces ministres; mais elle l'obtiendra moins que la faction sacrée qui veille à la porte du ministère, prête à s'en emparer. C'est la pro-

chaîne domination dont la France est menacée, domination en apparence plus redoutable, mais qu'en effet la France doit sou-
haiter, pour sortir de cet état de langueur
qui n'est ni la vie, ni la mort, et pour arriver plus promptement à la fin de ses maux,
et au terme de toutes les factions, ministérielles, aristocratiques et sacerdotales.

FIN.

IMPRIMERIE ET FONDERIE DE J. PINARD,
RUE D'ANJOU-DAUPHINE, N° 8, A PARIS.

AMBROISE DUPONT ET CIE, LIBRAIRES-ÉDITEURS,

RUE VIVIENNE, N° 16.

HISTOIRE

MILITAIRE

DES FRANÇAIS,

PAR CAMPAGNES,

DEPUIS LE COMMENCEMENT DE LA RÉVOLUTION JUSQU'A LA FIN

DU RÈGNE

DE NAPOLÉON.

Dédiée aux Vétérans de l'Armée.

L<small>A</small> gloire de nos armes, qu'on s'efforça de rabaisser et qu'on semblait vouloir étouffer à une époque où des passions ardentes n'écoutaient que leur imprudente audace, a fait éclore plusieurs ouvrages destinés à nous venger. Le premier de tous fut le recueil des Victoires et Conquêtes : monument élevé au milieu d'un orage politique, il embrasse les guerres du

peuple français, depuis la première campagne de la
liberté jusqu'à la bataille de Waterloo. Malheureusement ce vaste recueil est trop rempli de détails stratégiques, et son plan, embrassant sans ordre l'ensemble des opérations qui se passaient à une même
date dans différens corps d'armées, manque d'unité
et par conséquent d'intérêt. Depuis l'époque de sa
publication, d'autres écrits ont paru avec succès;
mais contraints de renfermer les faits dans un cadre
étroit, les auteurs ont dû trop abréger une matière
immense. On suit avec plaisir, dans leurs récits,
l'exposé rapide de nos exploits; mais d'abord la mé-
moire, fatiguée par la succession de tant de prodiges
qui ne lui laissent pas de repos, éprouve de la peine
à les classer pour les retenir; ensuite elle désire beaucoup de choses dont elle a été frappée pendant le cours
de trente années, et qu'elle voudrait retrouver dans
un tableau fidèle. D'un autre côté, nos annales militaires se sont enrichies de plusieurs excellens ouvrages. Toutefois ces ouvrages, consacrés en général
à la science guerrière, conviennent plus particuliè-
rement aux officiers supérieurs. En outre, comme ils
embrassent toute une période, leur réunion présente
encore une vaste lecture. Ces considérations ont fait
sentir aux auteurs du travail que nous annonçons, la
nécessité de donner à notre *Histoire militaire* une
étendue mesurée sur l'importance du sujet, sur les
besoins de la curiosité publique, sur les ressources
du plus grand nombre pour la satisfaire.

Le meilleur moyen d'atteindre ce but a paru être
de renfermer *chaque Campagne* dans des volumes dis-

tincts, où les événemens se trouvent coordonnés de manière à former par leur ensemble un récit complet de toute la guerre.

Le premier caractère de l'ouvrage est d'être national, c'est-à-dire qu'il fait ressortir avec éclat le patriotisme et le courage des Français. Convaincus que rien ne peut égaler la gloire d'un peuple qui, surpris presque sans défense par les forces réunies de l'Europe, attaqué en même temps sur terre et sur mer, séparé du commerce du monde, improvise quatorze armées dans son sein, et sort des périls les plus imminens, par une suite de succès inouis, les auteurs de ce recueil se sont attachés surtout à montrer les triomphes de la liberté dans toute leur grandeur. Ces triomphes appartiennent au monde entier par leur cause; ils resteront à jamais comme des exemples pour les peuples menacés dans leur indépendance. Notre guerre de la liberté mérite d'ailleurs, par des motifs particuliers, l'attention des esprits réfléchis et l'admiration des ames généreuses.

Les dons de la nature, la grande école de Gustave Adolphe et l'essai progressif du commandement, ont créé les capitaines du siècle de Louis XIV; la nature et les champs de bataille ont seuls enfanté les Jourdan, les Hoche, les Dugommier, les Kléber, les Desaix, les Saint-Cyr, les Moreau et leurs émules. Il a fallu vingt ans pour former Turenne, il n'a fallu que trois campagnes pour placer le vainqueur de Fleurus ou le jeune libérateur de l'Alsace au dessus de toutes les vieilles renommées militaires de l'Europe. Sortis du rang des soldats, ses pareils et lui sont parvenus de plus loin et plus haut que ce prince de Condé dont la première victoire parut une illumination du génie. Mais un citoyen doit surtout remarquer, dans les chefs et les soldats de cette époque, des vertus antiques : la simplicité, la patience à supporter les privations, le désintéressement absolu, et un enthousiasme qui ne laissait aucune prise aux viles passions ; alors on combattait pour la patrie, et on ne lui demandait pour récompense qu'un reflet de la gloire nationale. Ce phénomène d'un peuple moderne, livré dès long-temps à toutes les commodités du luxe et à tous les besoins de la civilisation, produisant tout à coup des armées rivales de la vertu des soldats romains au temps des Fabricius, ne saurait être perdu pour l'histoire.

La postérité comptera Napoléon au rang des plus grands capitaines de tous les siècles : pour mesurer sa hauteur, il ne faut que le mettre en présence des obstacles qu'il avait à vaincre ; comme la république, il lui a fallu lutter avec le continent tout entier, et surtout avec le géant de l'Angleterre ; mais, en rendant justice à son génie, les auteurs n'ont pas oublié que la république lui a transmis ses instrumens de gloire, dans les armées, dans les généraux qui avaient vaincu l'Europe sur tous les champs de bataille, depuis la Vendée jusqu'à Toulon, depuis la Bidassoa jusqu'au Rhin, depuis la Sambre jusqu'au Texel. Ainsi, par exemple, on voit le héros de Rivoli, le vainqueur de Zurich, qui eut une si grande part aux premiers succès de Bonaparte, grandir de jour en jour à côté de Napoléon devenu l'arbitre de l'Europe par la victoire ; ainsi Kléber, à la bataille d'Héliopolis, apparaît digne du parallèle avec le général qu'il trouvait *grand comme le monde* après la victoire d'Aboukir. Mais quelle vie militaire que celle d'un homme qui a livré cinquante batailles rangées, qui, après avoir fait succéder les victoires d'Orient à ses premières victoires d'Italie, suffisantes pour une immense renommée, vint recommencer une autre carrière de gloire où l'on trouve les batailles de Marengo, d'Austerlitz, d'Iéna, de Friedland et de Wagram! Toutefois, dans le récit des travaux de ce colosse de génie, de constance, d'application et de pouvoir, la France, son peuple et ses héros guerriers, ne sont point immolés à un homme. Napoléon ne paraît point avoir fait seul ce qu'il a fait avec le secours d'une nation que l'amour de la liberté avait rendue capable de tous les prodiges ; il n'usurpe point la place de la France, comme les Charles Martel, les Pepin, les Charlemagne, les Louis XIV l'ont usurpée dans nos annales.

Plût à Dieu que les auteurs de ce recueil n'eussent point à retracer la guerre civile ! Forcés de remplir une tâche douloureuse, ils ne craignent pas d'attribuer l'origine d'un grand fléau à ses véritables auteurs, qui se glorifient de l'avoir attiré sur nos têtes ; et surtout à Rome, dont la prudence et la circonspection n'avouent point encore ce fatal présent de la même politique qui créa la ligue sous Henri III, et suscita tant d'embarras à Henri IV, tous deux tombés victimes des Séides qu'elle a couronnés des palmes du martyre. Heureusement, pour se consoler du spectacle des Français qui se déchirent entre eux, l'ami de son pays trouve à citer de grandes et généreuses vertus

dans les deux partis. A côté de la mort sublime de
Bonchamps, dont les dernières paroles sauvèrent
quatre mille soldats républicains qu'on allait égorger,
il peut louer les immortels services du général Hoche
inspiré par le génie de l'humanité comme il l'avait été
par celui de la guerre, et non moins habile à éteindre
l'incendie du dedans qu'à vaincre les ennemis du dehors.

Cet ouvrage est destiné aux villes et aux campagnes, aux palais et aux chaumières ; il doit pénétrer
partout où il y a un cœur qui palpite encore au nom
de Valmi et de Jemmape ; il doit ranimer et consoler
les vétérans de Fleurus, d'Arcole et des Pyramides,
faire tressaillir les vainqueurs de Hohenlinden et
d'Austerlitz, et rappeler aux jeunes guerriers de Lut-
zen et de Bautzen que deux batailles ont suffi pour les
placer au rang des premiers soldats du monde. Mais ce
qui reste encore des générations de héros que la
France renfermait dans son sein sans les connaître, et
que l'amour de la gloire faisait éclore de jour en jour,
penche vers la vieillesse, ou ne tardera point à passer
l'âge de porter les armes ; c'est donc à leurs fils et à
leurs descendans, c'est à toute la jeunesse française
que doit parler le nouveau récit de nos exploits. Puisse
cette jeunesse, l'espoir de la patrie, dans la guerre
comme dans la paix, dans les lettres et dans les sciences
comme dans l'industrie, se pénétrer profondément des
hauts faits de ses pères, et se jurer à elle-même d'imi-
ter leurs exemples, si la patrie était encore menacée
dans son indépendance !

Des cartes et des plans tracés avec exactitude, des

portraits et de nombreuses vignettes, ajoutent soit à l'utilité, soit à l'agrément du livre.

Le recueil se composera de 12 volumes, qui se publient, en même temps, dans les formats in-18 et in-8°; ils se vendent ensemble ou séparément, au gré des souscripteurs; ce nombre a paru suffisant pour donner une juste étendue à la narration. Ainsi que nous l'avons dit plus haut, *chaque Campagne* se trouve comprise dans un volume particulier; cette forme, qui atteste le mérite de la concision, et le choix judicieux des matériaux admis, est la plus propre à graver facilement dans les esprits la suite des événemens, et à prévenir toute confusion dans les souvenirs.

L'ouvrage entier est revu, pour les détails stratégiques,.par M. le général Beauvais, principal rédacteur des *Victoires et Conquêtes*, etc.

P.-F. Tissot.

Conditions de la Souscription.

Chaque volume sur papier fin satiné, orné de portraits, de plans et de cartes, est du prix de : Format in-8°..... 6 fr. » c.
in-18.... 3 fr. 75 c.

ON SOUSCRIT, A PARIS,

CHEZ AMBROISE DUPONT ET COMPAGNIE,
RUE VIVIENNE, N° 16,

ET A BRUXELLES,

CHEZ TARLIER, LIBRAIRE, RUE DE LA MONTAGNE.

EN VENTE.

HISTOIRE MILITAIRE DES FRANÇAIS,
PAR CAMPAGNES.

Première Livraison.

HISTOIRE DE L'EXPÉDITION D'ÉGYPTE ET DE SYRIE, par M. Ader; ornée des portraits de Bonaparte et de Kléber, des plans de la bataille des Pyramides et de la bataille d'Aboukir, des cartes d'Egypte et de Syrie; 1 vol. in-8º. Prix.................................... 6 fr. „ c.
Le même, 1 vol. in-18. Prix.................................... 3 fr. 75 c.

Seconde Livraison.

HISTOIRE DES CAMPAGNES DE FRANCE en 1814 et en 1815, par M. Mortonval; ornée de deux vignettes, dont une représente Napoléon sur le rocher de Sainte-Hélène, avec le plan des batailles de Paris, de Toulouse, de Waterloo, et d'une carte de France; un vol. in-8º. Prix.................................... 6 fr. „ c.
Le même, 1 vol. in-18. Prix.................................... 3 fr. 75 c.

Troisième Livraison.

HISTOIRE DES GUERRES D'ITALIE, tome 1er. *Campagne des Alpes*, par X.-B. Saintine; ornée des portraits de Kellerman et de Masséna, du plan de la bataille de Loano, et de la carte des Alpes; un volume in-8º. Prix.................................... 6 fr. „ c.
Le même, 1 vol. in-18. Prix.................................... 3 fr. 75 c.

Quatrième Livraison.

HISTOIRE DES CAMPAGNES D'ALLEMAGNE ET DE PRUSSE de 1802 à 1806, par M. Saint-Maurice; ornée de portraits, plans et carte; un vol. in-8º. Prix.................................... 6 fr. „ c.
Le même, 1 vol. in-18. Prix.................................... 3 fr. 75 c.

Cinquième Livraison.

HISTOIRE DES CAMPAGNES D'ALLEMAGNE de 1806 à 1809, par M. Mortonval; ornée de portraits, plans et carte; un volume in-8º. Prix.................................... 6 fr. „ c.
Le même, 1 vol. in-18. Prix.................................... 3 fr. 75 c.

IMPRIMERIE ET FONDERIE DE J. PINARD, RUE D'ANJOU-DAUPHINE, Nº 8.

www.ingramcontent.com/pod-product-compliance
Lightning Source LLC
Chambersburg PA
CBHW072223270326

41930CB00010B/1968